AF382041

DER DISZIPLIN CODE
ERWEITERN SIE IHR POTENZIAL
DIE KUNST DER SELBSTDISZIPLIN

Disziplin Meister-Kurs mit Arbeitsblättern für volles Potenzial um langfristigen Erfolg zu erreichen

Herausgegeben von: Holger Kiefer
(https://kiefer-coaching.de)
Verlagslabel: Kiefer-Coaching-Verlag
ISBN:
Softcover 978-3-384-21615-1
Hardcover 978-3-384-21616-8
Großschrift 978-3-384-21617-5
E-Book 9783759216151
Druck und Distribution im Auftrag :
tredition GmbH, Heinz-Beusen-Stieg 5, 22926 Ahrens-
burg, Germany

Inhaltsverzeichnis

Vorwort

Die Kraft der Disziplin: Erfahren Sie, warum Disziplin für den Erfolg entscheidend ist und wie Sie sie kultivieren können.

 Beherrschung der Zielsetzung: Entdecken Sie bewährte Techniken zum Setzen und Erreichen Ihrer Ziele.

 Schluss mit dem Aufschieben: Verabschieden Sie sich vom Aufschieben und begrüßen Sie die Produktivität.

 Gewohnheitsbildung: Bauen Sie Gewohnheiten auf, die Ihren Erfolg und Ihr persönliches Wachstum unterstützen.

 Motiviert bleiben: Erfahren Sie, wie Sie auch bei Herausforderungen motiviert bleiben.

 Zeitmanagementtechniken: Übernehmen Sie die Kontrolle über Ihre Zeit und maximieren Sie Ihre Produktivität.

 Und vieles mehr!

Einleitung

Die besten Tipps, Bücher und Anleitungen können Sie von Menschen erfahren, welche selber negative Erfahrungen und diese gemeistert haben.

Bevor ich ihnen einen Teil meiner Geschichte mitteile, lassen Sie mich kurz auf das Thema Kindheit und Disziplin eingehen.

Die Entwicklung von Disziplin und Selbstregulierung beginnt oft schon in der Kindheit und wird maßgeblich durch die Erziehung und das Umfeld geprägt. Kinder, die in einem Umfeld aufwachsen, das Struktur, klare Erwartungen und Unterstützung bietet, haben tendenziell eine bessere Chance, Disziplin zu entwickeln. Andererseits können traumatische Erfahrungen, Vernachlässigung oder eine unbeständige Umgebung die Fähigkeit zur Selbstregulierung beeinträchtigen und zu Schwierigkeiten bei der Entwicklung von Disziplin führen. In solchen Fällen kann es hilfreich sein, professionelle Unterstützung oder Therapie in Anspruch zu nehmen, um die zugrunde liegenden Probleme anzugehen und neue Fähigkeiten zu erlernen.

Lassen wir ein paar Experten zu diesem Thema zu Worte kommen:

Experten betonen die Bedeutung der Kindheit für die Entwicklung von Disziplin und Selbstregulierung. Hier sind einige Aussagen von Spezialisten zu diesem Thema:

Dr. Ross Greene, Kinderpsychologe und Autor, sagt: "Die Fähigkeit zur Selbstregulierung ist eine der wichtigsten Fähigkeiten, die Kinder entwickeln können. Es ist entscheidend, dass Eltern und Erziehungsberechtigte Kindern helfen, diese Fähigkeit von klein auf zu entwickeln, indem sie ihnen Struktur, klare Erwartungen und emotionale Unterstützung bieten."

Dr. Laura Markham, Klinische Psychologin und Autorin, erklärt: "Kinder lernen Disziplin durch Erfahrung. Es geht nicht nur darum, Regeln aufzustellen und Strafen zu verhängen, sondern darum, ihnen beizubringen, wie man selbstständig handelt und die Konsequenzen seines Handelns versteht."

Dr. Daniel J. Siegel, Neuropsychiater und Autor, betont: "Die Entwicklung von Disziplin bei Kindern hängt eng mit der Entwicklung ihres Gehirns zusammen. Frühe Erfahrungen prägen die neuronalen Verknüpfungen, die für die Selbstregulierung verantwortlich sind. Eltern sollten daher eine unterstützende und förderliche Umgebung schaffen, die es Kindern ermöglicht, diese Fähigkeiten zu entwickeln."

Diese Aussagen zeigen, dass die Kindheit eine entscheidende Phase für die Entwicklung von Disziplin ist und dass Eltern und Betreuer eine wichtige Rolle dabei spielen, Kindern dabei zu helfen, diese lebenswichtige Fähigkeit zu erlernen.

Nach diesen Aussagen könnte es sein, dass Sie ebenfalls die eine oder andere Erfahrung gemacht haben, welche Sie daran hindert mit Disziplin und Durchhaltevermögen ihre Pläne umzusetzen.

Ein Teil meiner Geschichte:

Als Kleinkind wurde ich adoptiert. Bereits in der Grundschule hatte ich Schwierigkeiten, mich in die Abläufe einzufügen. Eines Tages schlug mir die Lehrerin voller Unbeherrschtheit mit ihrem vollen Schlüsselbund so heftig auf den Kopf, dass ich Verletzungen erlitt. Seitdem hatte ich mehr Mühe beim Lernen als andere. Durch die Krankheit meiner Adoptivmutter und mein als "schwierig" eingestuftes Verhalten verbrachte ich etliche Zeit in Kinderheimen. Wie Sie aus den vorangegangenen Expertenaussagen bereits erahnen können, hatte ich stets Schwierigkeiten mit dem Durchhaltevermögen.

Dennoch habe ich es geschafft und arbeitete nach meinen Ausbildungen jahrzehntelang als Dozent und Coach. Ein wichtiger Tipp, den ich an dieser

Stelle weitergeben möchte, ist die Visualisierung. Daher werden Sie diesen Begriff im Buch immer wieder finden.

Ich wünsche Ihnen viel Erfolg bei der Verwirklichung Ihrer Wünsche und Ziele mit den Erklärungen und Arbeitsblättern in diesem Buch.

Einen Tipp habe ich noch. Wenn Sie kleine Kinder oder Enkel haben, dann können Sie jetzt die richtigen Weichen setzen, durch angeleitetes Konzentrationstraining. Informationen dazu habe ich Ihnen auf https://heil-weg.de/10 bereitgestellt. Eine kleine Ausgabe, die großes bewirkt.

Ihr Holger Kiefer

Kapitel 1: Selbstbeherrschung verstehen: Der Schlüssel zum Erfolg

Selbstbeherrschung wird oft als eines der wichtigsten Merkmale für die Erreichung von Erfolg und persönlicher Zufriedenheit genannt. Doch was genau ist Selbstbeherrschung? Im Kern beinhaltet Selbstbeherrschung die Fähigkeit, sich unabhängig vom emotionalen Zustand zum Handeln zu motivieren. Es bedeutet, das eigene Handeln an den Werten und Zielen auszurichten, ohne dass Ablenkungen oder Impulse überhandnehmen. Dieses Kapitel erforscht das Konzept der Selbstbeherrschung, ihre Bedeutung in verschiedenen Lebensbereichen und wie sie ein transformierendes Werkzeug für persönliches und berufliches Wachstum sein kann.

Das Wesen der Selbstbeherrschung

Selbstbeherrschung kann als der innere Antrieb verstanden werden, der Menschen dazu bringt, ihre Ziele zu verfolgen, indem sie Verhaltensweisen, Handlungen und Impulse im Streben nach langfristigen Ambitionen steuern. Es ist das, was einer Person ermöglicht, unmittelbare Freuden zugunsten mittel- und langfristiger Gewinne aufzuschieben. Es geht darum, die mentale Stärke zu haben, bei einer Aufgabe fokussiert zu bleiben, auch wenn sie herausfordernd oder mühsam wird.

Siehe dazu im Anhang unter:
Arbeitsblatt: Selbststudium zur Steigerung der Selbstdisziplin

Warum Selbstbeherrschung wichtig ist

In persönlichen und beruflichen Kontexten ist Selbstbeherrschung ein Eckpfeiler des Erfolgs. Sie ist für jede Form der persönlichen Entwicklung unerlässlich, da sie es Individuen ermöglicht, ihre Ziele zu setzen und kontinuierlich darauf hinzuarbeiten. Im Berufsleben trägt Selbstbeherrschung zu einer verbesserten Produktivität und Effizienz bei. Sie hilft Fachleuten dabei, Fristen einzuhalten, Zeit effektiv zu managen und trotz Rückschlägen oder Misserfolgen durchzuhalten.

Siehe dazu im Anhang unter:
Arbeitsblatt: Reflexion zur Zielsetzung und kontinuierlichen Arbeit

Darüber hinaus ist Selbstbeherrschung entscheidend für das Erlernen neuer Fähigkeiten und kontinuierliches persönliches Wachstum. Sie ermöglicht eine systematische Fähigkeitenentwicklung und -verbesserung im Laufe der Zeit und ebnet den Weg für Beherrschung und Expertise. Im persönlichen Leben hilft Selbstbeherrschung den Menschen, ihre Emotionen zu bewältigen, gesunde Entscheidungen zu treffen und starke zwischenmenschliche Beziehungen aufrechtzuerhalten.

Die Beziehung zwischen Selbstbeherrschung, Willenskraft und Gewohnheiten

Selbstbeherrschung steht eng in Verbindung mit Willenskraft; jedoch ist sie nicht nur eine Frage des Willens. Während Willenskraft die Fähigkeit bezeichnet, kurzfristigen Versuchungen zu widerstehen, um langfristige Ziele zu erreichen, beinhaltet Selbstbeherrschung das Schaffen von Routinen und Gewohnheiten, die es überflüssig machen, ständig auf Willenskraft zurückzugreifen. Zum Beispiel muss sich jemand, der regelmäßig Sport treibt und es zu seiner Routine gemacht hat, nicht täglich auf Willenskraft verlassen, um sich zum Training zu motivieren; es wird zu einem Teil ihres Lebensstils.

Das Schaffen und Aufrechterhalten dieser Gewohnheiten reduziert die mentale Belastung, die erforderlich ist, um Entscheidungen über jede Handlung im Laufe des Tages zu treffen. Diese Automatisierung von Entscheidungen – das Treffen gesunder Entscheidungen als Standard anstatt einer mühsamen Ausnahme – ist ein wesentlicher Vorteil entwickelter Selbstbeherrschung.

Siehe dazu unter Anlage:
Arbeitsblatt: Routinen und Gewohnheiten für langfristige Selbstbeherrschung

Selbstbeherrschung und emotionale Kontrolle

Einer der herausforderndsten Aspekte der Selbstbeherrschung ist die Bewältigung von Emotionen. Effektive Selbstbeherrschung beinhaltet das Erkennen emotionaler Reaktionen und das Erlernen, wie man sie kontrolliert, ohne dass sie Handlungen diktieren. Zum Beispiel könnte das Gefühl von Frustration oder Langeweile eine Person dazu verleiten, ein Projekt aufzugeben. Mit starker Selbstbeherrschung erkennen sie jedoch die Emotion, verstehen ihre vorübergehende Natur und setzen ihre Arbeit am vordefinierten Ziel fort.

Siehe dazu unter Anlage:
Arbeitsblatt: Umgang mit Frustration und Langeweile zur Stärkung der Selbstbeherrschung

Die Rolle der Selbstdisziplin bei der Überwindung von Prokrastination

Prokrastination ist oft ein großes Hindernis für das Erreichen von Zielen. Selbstdisziplin hilft, Prokrastination zu bekämpfen, indem sie eine proaktive Denkweise fördert. Sie ermöglicht es Einzelpersonen, Aufgaben in kleinere, überschaubare Teile zu zerlegen und klare Fristen für jeden Abschnitt festzulegen. Indem sie Aufgaben priorisieren und sich darauf konzentrieren, anzufangen, anstatt sich auf die einschüchternden Aspekte des Abschlusses zu konzentrieren, können selbst disziplinierte Personen den Schwung aufrechterhalten und kontinuierliche Fortschritte machen.

Prokrastination bezeichnet das Aufschieben von Aufgaben oder Entscheidungen, die erledigt werden müssen. Menschen, die unter Prokrastination leiden, neigen dazu, wichtige Aufgaben oder Verpflichtungen immer wieder zu verschieben, oft bis zur letzten Minute oder sogar darüber hinaus. Dies kann aus verschiedenen Gründen geschehen, wie zum Beispiel aus einem Mangel an Motivation, Angst vor Versagen, Unklarheit über die nächsten Schritte oder einfach aus dem Wunsch heraus, kurzfristige Befriedigung zu suchen, anstatt sich unangenehmen Aufgaben zu stellen. Prokrastination kann zu Stress, Zeitdruck und einer geringeren Qualität der Arbeit führen. Es kann auch das Erreichen von langfristigen Zielen beeinträchtigen, da wichtige Aufgaben nicht rechtzeitig erledigt werden und sich dadurch Probleme ansammeln können.

Die Entwicklung von Selbstdisziplin ist ein schrittweiser Prozess, der eine Reihe von Schritten umfasst:

Klare Ziele und Prioritäten setzen: Verstehen Sie, was Sie erreichen möchten, und warum es für Sie wichtig ist. Klare Ziele geben eine Richtung und ein Gefühl der Zweckmäßigkeit.

Routinen etablieren: Bauen Sie Routinen auf, die mit Ihren Zielen übereinstimmen. Kontinuität

ist der Schlüssel zur Entwicklung von Selbstdisziplin.

Fortschritt überwachen: Behalten Sie Ihren Fortschritt im Auge und passen Sie Ihre Strategien bei
Bedarf an. Dies hilft, die Motivation aufrechtzuerhalten und sicherzustellen, dass Sie auf dem richtigen Weg sind.

Siehe dazu unter Anlage:
**Arbeitsblatt: Fortschritt überwachen und
Strategien anpassen**

Feedback einholen: Regelmäßiges Feedback
kann neue Einsichten liefern und Ihnen helfen,
Ihren Ansatz zur Erreichung von Selbstdisziplin zu
verfeinern.

Das Verständnis von Selbstdisziplin ist der erste
Schritt, um ihre Kraft zur Transformation des eigenen Lebens zu nutzen. Es ist eine Fähigkeit, die
die Widerstandsfähigkeit fördert, die Produktivität
steigert und das allgemeine Wohlbefinden verbessert. Durch die Entwicklung von Selbstdisziplin erreichen Individuen nicht nur ihre unmittelbaren

Ziele, sondern setzen auch die Bühne für langfristigen Erfolg und Erfüllung. In den folgenden Kapiteln werden wir tiefer in praktische Strategien zur Entwicklung und Aufrechterhaltung von Selbstdisziplin eintauchen, beginnend mit der Zielsetzung im Kapitel 2.

Kapitel 2: Zielsetzung: Die Grundlage der Selbstdisziplin

Effektive Selbstdisziplin beginnt mit klaren, gut definierten Zielen. Ohne ein klares Ziel vor Augen können Anstrengungen unzusammenhängend und ineffektiv werden. Dieses Kapitel taucht in den Prozess der Festlegung von Zielen ein, die nicht nur ehrgeizig, sondern auch erreichbar sind, und wie diese Ziele als Grundlage der Selbstdisziplin dienen.

Die Bedeutung der Zielsetzung

Die Zielsetzung ist grundlegend für die Selbstdisziplin, weil sie Energie und Fokus lenkt. Sie verwandelt abstrakte Bestrebungen in konkrete Ziele, indem sie eine Roadmap und eine Reihe von Schritten vorgibt. Wenn Ziele klar definiert sind, fungieren sie als Motivatoren und lenken Handlungen und Entscheidungen in eine zielgerichtete Richtung. Jeder Erfolg bringt ein Gefühl von Fortschritt und Erfüllung mit sich, was weitere disziplinierte Anstrengungen beflügelt.

Konkret: Ziele sollten klar und spezifisch sein, um Unklarheiten darüber zu vermeiden, was erreicht werden soll. Statt sich zum Beispiel darauf zu konzentrieren, "Gewicht zu verlieren", setzen Sie sich ein spezifisches Ziel, wie zum Beispiel "10 Pfund in 3 Monaten abzunehmen".

Messbar: Es muss eine Möglichkeit geben, den Fortschritt auf dem Weg zur Erreichung jedes Ziels zu messen. Dies hilft dabei, auf Kurs zu bleiben und die Motivation aufrechtzuerhalten.

Erreichbar: Ziele sollten realistisch und erreichbar sein. Übermäßig ehrgeizige Ziele, die außer Reichweite liegen, können demotivieren und dazu führen, dass die Bemühungen aufgegeben werden.

Relevant: Ziele müssen mit den breiteren Lebenswerten und -zielen in Einklang stehen. Irrelevante Ziele können möglicherweise nicht genug Motivation bieten, um im Laufe der Zeit die Disziplin aufrechtzuerhalten.

Zeitgebunden: Die Festlegung eines Termins für die Erreichung von Zielen schafft ein Gefühl der Dringlichkeit und hilft dabei, Aufgaben zu priorisieren.

Siehe dazu Arbeitsblatt:
Arbeitsblatt: SMART-Ziele setzen

Die Rolle von Vision und langfristiger Planung

Neben der Festlegung unmittelbarer oder kurzfristiger Ziele ist die Entwicklung einer langfristigen Vision entscheidend. Diese Vision dient als ultimativer Leitfaden, um kürzere Ziele zu gestalten und zu priorisieren. Zum Beispiel könnte eine Vision für einen gesünderen Lebensstil langfristige Ziele wie das Laufen eines Marathons oder das Annehmen einer lebenslangen gesunden Ernährungsgewohnheit umfassen.

Vision und langfristige Planung schaffen einen Kontext, in dem tägliche Entscheidungen und Handlungen eine Bedeutung finden. Diese breitere Perspektive gewährleistet Konsistenz und verhindert das Abweichen von Kernwerten und -zielen, was die Selbstdisziplin als strukturierten Ansatz zum Leben stärkt.

Ziele in handhabbare Schritte aufteilen

Nachdem Ziele festgelegt wurden, ist der nächste Schritt, sie in kleinere, handhabbare Aufgaben zu unterteilen. Dieser Prozess ist entscheidend, um Motivation und Fokus aufrechtzuerhalten. Zum Beispiel könnte ein Ziel, eine berufliche Zertifizierung abzuschließen, in tägliche Lernzeiten, das Absolvieren bestimmter Module pro Woche und die Planung der Prüfung unterteilt werden.

Dieser Ansatz macht das Ziel weniger erschreckend und leichter erreichbar, erleichtert anhaltende Anstrengungen und verringert die Wahrscheinlichkeit von Prokrastination. Darüber hinaus dient jeder kleine Erfolg auf dem Weg als Bestärkung und stärkt die Selbstdisziplin.

Das Verfolgen und Anpassen von Zielen

Effektive Zielsetzung ist ein fortlaufender Prozess. Es erfordert regelmäßige Überprüfung und Anpassung, um auf Veränderungen der Umstände oder neue Erkenntnisse reagieren zu können. Die regelmäßige Verfolgung des Fortschritts gegenüber den Zielen fördert nicht nur ein Gefühl der Leistung, sondern hilft auch dabei, festzustellen, wann Anpassungen erforderlich sind.

Techniken wie das Führen eines Tagebuchs oder die Verwendung digitaler Tools können bei der Überwachung dieser Ziele helfen. Diese kontinuierliche Rückkopplungsschleife ist integral für die Aufrechterhaltung der Selbstdisziplin, da sie eine Neukalibrierung der Bemühungen ermöglicht und die Ziele relevant und realistisch hält.

Motivation und ihre Rolle bei der Zielverfolgung

Während Selbstdisziplin oft bedeutet, trotz fehlender Motivation durchzuhalten, kann intrinsische Motivation die Effektivität disziplinierter Anstrengungen erheblich verbessern. Die Verbindung von Zielen mit tieferen persönlichen Werten kann diese Art der Motivation fördern. Zum Beispiel kann das Studium für einen fortgeschrittenen Abschluss motivierender sein, wenn es nicht nur als beruflicher Aufstieg, sondern als Erfüllung einer lebenslangen Leidenschaft für das Lernen betrachtet wird.

Darüber hinaus kann das Verständnis für die schwankende Natur der Motivation und die Antizipation von Phasen mit geringer Motivation dazu beitragen, an den Zielen festzuhalten. In diesen

Zeiten kann es helfen, sich auf die strukturierten Prozesse und Gewohnheiten zu konzentrieren, die um die Ziele herum aufgebaut wurden, um Handlungen auch dann mit den Zielen in Einklang zu bringen, wenn die Motivation nachlässt.

Das Setzen von Zielen ist mehr als nur ein vorläufiger Schritt auf dem Weg zur Selbstdisziplin; es ist ein kontinuierlicher Prozess, der sie aufrechterhält und lenkt. Im nächsten Kapitel wird untersucht, wie man Gewohnheiten aufbaut, die diese Ziele unterstützen, und diszipliniertes Handeln weniger anstrengend und mehr zur Routine werden lässt. Durch die Integration effektiver Zielsetzung mit strategischer Gewohnheitsbildung wird Selbstdisziplin nicht nur zur Praxis, sondern zum Lebensstil.

Kapitel 3: Gewohnheiten aufbauen: Die Struktur der täglichen Disziplin

Das Aufbauen von Gewohnheiten ist grundlegend für die Entwicklung von Selbstdisziplin, da es die Notwendigkeit ständiger Willenskraft auf automatische Verhaltensweisen verschiebt, die mit Ihren Zielen übereinstimmen. Dieses Kapitel untersucht, wie man Gewohnheiten aufbaut und aufrechterhält, die die Selbstdisziplin stärken, indem produktive Handlungen zur zweiten Natur werden.

Die Kraft der Gewohnheit

Gewohnheiten sind Verhaltensroutinen, die regelmäßig wiederholt werden und tendenziell unbewusst ablaufen. Wenn eine Gewohnheit gebildet ist, wird der mentale Aufwand, um das Verhalten auszuführen, erheblich reduziert, was es einfacher macht, Disziplin aufrechtzuerhalten, auch wenn die Motivation gering ist. Für die Selbstbeherrschung bedeutet dies, dass, sobald eine produktive Gewohnheit etabliert ist, ihr Fortführen Teil Ihres täglichen Lebens wird, anstatt eines ständigen Kampfes.

Die Wissenschaft der Gewohnheitsbildung

Die Bildung von Gewohnheiten wird oft durch das Konzept der "Gewohnheitsschleife" beschrieben, die drei Elemente umfasst: Reiz, Routine und Belohnung. Das Verständnis und die Nutzung dieser Komponenten können dabei helfen, starke, dauerhafte Gewohnheiten zu entwickeln.

Reiz: Ein Auslöser, der Ihrem Gehirn signalisiert, in den automatischen Modus zu wechseln und ein Verhalten einzuleiten. Dies könnte eine Tageszeit, ein bestimmter Ort oder ein emotionaler Zustand sein.

Routine: Das eigentliche Verhalten, das körperlich, geistig oder emotional sein kann.

Belohnung: Diese hilft Ihrem Gehirn herauszufinden, ob dieser bestimmte Ablauf es wert ist, für die Zukunft erinnert zu werden. Im Laufe der Zeit hilft dieser Prozess, Automatismen aufzubauen.

Wenn Sie zum Beispiel versuchen, die Gewohnheit des morgendlichen Trainings zu etablieren, könnte Ihr Reiz das Aufwachen sein, Ihre Routine das Training und Ihre Belohnung ein Gefühl von Erfolg oder ein gesundes Frühstück.

Schritte zur Bildung neuer Gewohnheiten

Das Bilden neuer Gewohnheiten kann herausfordernd sein, aber durch eine systematische Herangehensweise können Sie den Prozess einfacher und effektiver gestalten.

Beginnen Sie klein: Beginnen Sie mit kleinen Veränderungen, die Sie in Ihre bestehenden Routinen integrieren können, ohne zu viel Aufwand zu betreiben. Wenn Ihr Ziel darin besteht, mehr zu lesen, beginnen Sie damit, jeden Abend vor dem Schlafengehen nur eine Seite zu lesen.

Verknüpfen Sie Ihre Gewohnheiten: Verknüpfen Sie eine neue Gewohnheit mit einer bereits etablierten. Wenn Sie zum Beispiel die Gewohnheit haben, jeden Morgen eine Tasse Tee zu trinken, beginnen Sie die Gewohnheit, Ihr Buch zu lesen, während Sie trinken.

Seien Sie konsequent: Kontinuität ist entscheidend bei der Gewohnheitsbildung. Führen Sie Ihre neuen Gewohnheiten jeden Tag zur gleichen Zeit und am gleichen Ort aus, um den Reiz zu stärken und das Verhalten automatischer zu machen.

Machen Sie es befriedigend: Stellen Sie sicher, dass die Belohnung unmittelbar befriedigend ist,

um die Gewohnheitsschleife zu festigen. Dies
könnte interne Befriedigung sein oder etwas Greif-
bares wie sich selbst mit einem kleinen Vergnü-
gen belohnen.

Hindernisse bei der Gewohnheitsbildung überwinden

Die Entwicklung neuer Gewohnheiten ist nicht
ohne ihre Herausforderungen. Hindernisse wie der
Verlust von Motivation, externe Unterbrechungen
oder interner Widerstand können den Fortschritt
behindern. Hier sind einige Strategien, um diese
Barrieren zu überwinden:

Planen für Herausforderungen: Antizipieren Sie
mögliche Hindernisse und planen Sie entsprechend. Wenn Sie wissen, dass Sie abends zu
müde für ein Training sind, planen Sie Ihr Training
für den Morgen.

Passen Sie Ihre Umgebung an: Machen Sie die
Hinweise für gute Gewohnheiten offensichtlich
und die für schlechte Gewohnheiten unsichtbar.
Wenn Sie versuchen, gesünder zu essen, füllen
Sie Ihren Kühlschrank mit gesunden Snacks und
verstecken Sie die ungesunden Lebensmittel.

Bauen Sie ein Unterstützungssystem auf: Teilen Sie Ihre Ziele mit Freunden oder schließen Sie sich einer Gemeinschaft mit ähnlichen Zielen an. Soziale Unterstützung kann Ihr Engagement und Ihre Widerstandsfähigkeit erheblich verbessern.

Gewohnheiten langfristig aufrechterhalten

Sobald eine Gewohnheit etabliert ist, erfordert deren Aufrechterhaltung kontinuierliche Anstrengungen, bis sie wirklich verinnerlicht ist. Hier sind einige Tipps, um Gewohnheiten langfristig aufrechtzuerhalten:

Halten Sie den Kontext frisch: Ändern Sie regelmäßig Aspekte Ihrer Routine, um sie interessant zu halten. Wenn Ihre Trainingsroutine langweilig wird, probieren Sie eine neue Sportart aus oder setzen Sie sich eine neue Herausforderung.

Überprüfen und Anpassen: Überprüfen Sie regelmäßig Ihre Gewohnheiten, um sicherzustellen, dass sie immer noch Ihren Zielen dienen. Wenn sich Ihr Lebensstil oder Ihre Ziele ändern, sollten sich auch Ihre Gewohnheiten weiterentwickeln.

Verstärken Sie mit Reflexion: Regelmäßige Reflexion kann verstärken, warum Sie die Gewohnheit überhaupt begonnen haben. Erinnern Sie sich an die Vorteile, die Sie seit der Annahme der Gewohnheit bemerkt haben, und überlegen Sie, wie sie zu Ihren größeren Zielen beitragen.

Das Aufbauen und Aufrechterhalten von Gewohnheiten ist entscheidend für die Entwicklung von Selbstdisziplin. Indem Sie disziplinierte Handlungen zur Gewohnheit machen, verringern Sie die Abhängigkeit von Willenskraft und machen Selbstdisziplin zu einem natürlichen Bestandteil Ihres Lebens. Im nächsten Kapitel werden wir Strategien zur Bekämpfung von Prokrastination besprechen, einem häufigen Hindernis, das die Entwicklung produktiver Gewohnheiten stören und die Selbstdisziplin untergraben kann.

Kapitel 4: Prokrastination überwinden: Strategien, um voranzukommen

Aufschieben ist ein häufiges Hindernis, das die Selbstdisziplin untergraben und den Fortschritt in Richtung der Ziele behindern kann. In diesem Kapitel werden Strategien zur Bekämpfung von Aufschieben diskutiert, die Ihnen helfen, auf Kurs zu bleiben und Schwung in Ihren Unternehmungen zu halten.

Verständnis von Aufschieben

Aufschieben ist das Handeln, Aufgaben trotz des Wissens um negative Konsequenzen zu verzögern oder zu verschieben. Es geht nicht nur um schlechtes Zeitmanagement, sondern ist oft tief verwurzelt in emotionalen Reaktionen wie der Angst vor Misserfolg, Angst oder einem Mangel an Interesse an der vorliegenden Aufgabe. Das Verständnis der psychologischen Komponenten des Aufschiebens ist der erste Schritt, um es zu überwinden.

Psychologische Wurzeln des Aufschiebens

Angst vor Misserfolg: Viele Menschen schieben Aufgaben auf, weil sie befürchten, dass das Ergebnis ihrer Bemühungen nicht gut genug sein wird und es lieber ganz vermeiden, als möglichen Misserfolg zu konfrontieren.

Perfektionismus: Dies kann dazu führen, dass Aufgaben aufgeschoben werden, wenn Personen das Gefühl haben, eine Aufgabe nicht perfekt abschließen zu können, und sie daher den Beginn ganz verzögern.

Mangel an intrinsischer Motivation: Wenn eine Aufgabe nicht als sinnvoll oder lohnend empfunden wird, kann es schwer sein, damit anzufangen.

Das Erkennen dieser zugrunde liegenden Gründe ist entscheidend für die Entwicklung wirksamer Strategien, um Aufschieben zu überwinden.

Strategien zur Bekämpfung von Aufschieben

Um Aufschieben wirksam zu überwinden, ist es wichtig, Strategien zu übernehmen, die sowohl die logistischen als auch die emotionalen Aspekte dieser Herausforderung ansprechen.

Unterteilen von Aufgaben in kleinere Schritte: Große Aufgaben können überwältigend und entmutigend erscheinen. Teilen Sie sie in kleinere, überschaubare Teile auf, um Ängste zu reduzieren und den Prozess verdaulicher zu machen.

Klare Fristen setzen: Auch für kleine Aufgaben oder Teile einer größeren Aufgabe sollten klare Fristen festgelegt werden, um ein Gefühl von Dringlichkeit und Bedeutung zu schaffen.

Zeitblöcke verwenden: Weisen Sie bestimmte Zeiten in Ihrem Tag ausschließlich der Arbeit an Aufgaben zu, die Sie tendenziell aufschieben. Diese Technik, bekannt als die Pomodoro-Technik, umfasst kurze Arbeitsphasen, gefolgt von einer Pause.

Umwelt ändern: Manchmal kann eine Veränderung der Umgebung die Versuchung, aufzuschieben, verringern. Finden Sie einen Arbeitsplatz, an dem Ablenkungen minimiert sind und an dem Sie motiviert sind zu arbeiten.

Externe Rechenschaftspflicht suchen: Teilen Sie Ihre Ziele und Fristen mit jemand anderem. Zu wissen, dass jemand anderes Ihre Fristen kennt und Ergebnisse erwartet, kann Sie dazu motivieren, tätig zu werden.

Neuausrichtung Ihrer Denkweise

Die Veränderung, wie Sie Aufgaben wahrnehmen, kann ebenfalls eine bedeutende Rolle bei der Überwindung von Aufschieben spielen.

Visualisieren Sie die Vorteile: Konzentrieren Sie sich auf die positiven Ergebnisse des Abschlusses einer Aufgabe anstatt auf den Prozess, sie zu erledigen. Die Visualisierung des Endresultats kann die Motivation bieten, eine Aufgabe zu beginnen und dabei zu bleiben.

Aufgaben neu definieren: Betrachten Sie eine Aufgabe als eine Gelegenheit anstatt als lästige Pflicht, um Ihre emotionale Reaktion darauf zu ändern. Versuchen Sie, Aspekte der Aufgabe zu finden, die Ihnen Freude bereiten, oder überlegen Sie, welche Fähigkeiten Sie durch ihre Erledigung entwickeln könnten.

Technologie nutzen

Verschiedene Tools und Apps können helfen, Aufschieben zu managen und zu reduzieren:

Task-Management-Apps: Apps wie Trello, Asana oder Todoist können Ihnen helfen, Aufgaben in

Listen zu organisieren und Erinnerungen für Fristen einzustellen.

Fokus-Apps: Tools wie Forest oder Freedom blockieren ablenkende Websites und Apps und helfen Ihnen, während der Arbeitszeiten konzentriert zu bleiben.

Fortschrittsverfolgungstools: Apps, die Ihren Fortschritt verfolgen, können visuelle Beweise für Ihre Leistungen liefern, die Motivation steigern und den Drang zum Aufschieben reduzieren.

Schwung aufrechterhalten

Das Aufrechterhalten des Schwungs ist entscheidend, sobald Sie beginnen, Aufgaben anzugehen. Setzen Sie die Strategien fort, die funktionieren, und passen Sie sie bei Bedarf an, um herauszufinden, was Sie am besten vorwärts bringt.

Regelmäßige Überprüfungen: Überprüfen Sie regelmäßig, welche Strategien wirksam waren und ob Sie Fortschritte bei Ihren Zielen erzielen.

Strategien bei Bedarf anpassen: Seien Sie flexibel in Ihrer Herangehensweise und bereit, neue Methoden auszuprobieren, wenn Sie feststellen, dass Ihre aktuellen Strategien nicht mehr so gut funktionieren wie früher.

Belohnen Sie sich: Verstärken Sie Ihren Fortschritt durch Belohnungen für das Abschließen von Aufgaben oder das Erreichen von Meilensteinen. Dies könnte etwas Einfaches wie eine Pause zum Genießen eines Kaffees oder eine bedeutendere Belohnung für eine größere Leistung sein.

Das Überwinden von Aufschieben ist ein entscheidender Schritt zur Stärkung der Selbstdisziplin. Indem Sie seine psychologischen Wurzeln verstehen und praktische Strategien umsetzen, können Sie die Auswirkungen von Aufschieben auf Ihr Leben reduzieren. Die Anwendung dieser Techniken wird Ihnen nicht nur helfen, Ihre aktuellen Ziele zu erreichen, sondern Sie auch in allen zukünftigen Unternehmungen stärken. Im nächsten Kapitel werden wir untersuchen, wie man die Selbstdisziplin durch die Entwicklung mentaler Widerstandsfähigkeit weiter stärken kann.

Kapitel 5: Mentale Widerstandsfähigkeit: Stärkung von Willenskraft und Fokus

In der Verfolgung von Selbstdisziplin spielt mentale Widerstandsfähigkeit eine entscheidende Rolle. Dieses Kapitel erkundet Strategien zur Stärkung der Willenskraft und zur Verbesserung des Fokus, um Ihnen zu ermöglichen, Herausforderungen zu bewältigen und Ihr Engagement für Ihre Ziele aufrechtzuerhalten.

Verständnis von Mentaler Widerstandsfähigkeit

Mentale Widerstandsfähigkeit bezieht sich auf die Fähigkeit, mit Herausforderungen, Stress oder Widrigkeiten umzugehen und sie zu überwinden. Es geht darum, den Fokus auf langfristige Ziele trotz kurzfristiger Hindernisse aufrechtzuerhalten. Resilienz ist keine angeborene Qualität, sondern eine Fähigkeit, die durch Übung und Hingabe entwickelt werden kann. Durch die Förderung mentaler Widerstandsfähigkeit verbessern Sie nicht nur Ihre Fähigkeit zur Selbstdisziplin, sondern auch

Ihre allgemeine geistige Gesundheit und Ihr Wohlbefinden.

Bestandteile Mentaler Widerstandsfähigkeit

Mentale Widerstandsfähigkeit basiert auf mehre-
ren Schlüsselkomponenten:

Emotionale Regulation: Das Verwalten und Verstehen Ihrer Emotionen, um zu verhindern, dass
überwältigende Gefühle Ihre Bemühungen behindern.

Impulskontrolle: Die Fähigkeit, die Befriedigung
aufzuschieben und kurzfristigen Versuchungen zugunsten langfristiger Vorteile zu widerstehen.

Optimismus: Das Aufrechterhalten eines positiven,
hoffnungsvollen Ausblicks, auch in schwierigen Situationen.

Flexibles Denken: Die Fähigkeit, Ihre Herangehensweise anzupassen, wenn sich Situationen ändern oder Sie Rückschläge erleben.

Strategien zur Stärkung der Willenskraft

Willenskraft wird oft mit einem Muskel verglichen, der durch Gebrauch gestärkt werden kann. Hier sind effektive Möglichkeiten, Ihre Willenskraftreserven aufzubauen:

Klare, überschaubare Ziele setzen: Das Aufteilen größerer Ziele in kleinere, erreichbare Schritte hilft, das Gefühl der Überforderung zu verhindern, das Willenskraft erschöpfen kann.

Körperliche Gesundheit aufrechterhalten: Regelmäßige Bewegung, ausreichender Schlaf und eine ausgewogene Ernährung können Ihre körperliche Gesundheit stärken und Ihre mentale Ausdauer und Willenskraft verbessern.

Selbstüberwachung üben: Die Bewusstheit über Ihre Handlungen und Entscheidungen hilft Ihnen, Muster zu erkennen, die Ihre Willenskraft erschöpfen könnten. Tools wie Journale oder Apps können bei dieser Selbstreflexion helfen.

Meditation und Achtsamkeit: Diese Praktiken verbessern die Selbstwahrnehmung und emotionale Regulation, Schlüsselaspekte der Willenskraft. Sie können Ihnen helfen, sich von Ablenkungen zu lösen und sich auf Ihre Ziele zu konzentrieren.

Verbesserung des Fokus

In einer Zeit ständiger Ablenkungen kann es herausfordernd sein, den Fokus zu behalten. Hier sind Techniken, um Ihre Fähigkeit zur Konzentration zu verbessern:

Minimieren Sie Ablenkungen: Schaffen Sie eine Arbeitsumgebung, die Unterbrechungen minimiert. Dies könnte bedeuten, Ihren Arbeitsplatz aufzuräumen, Geräuschunterdrückungskopfhörer zu verwenden oder während Ihrer Arbeitszeit Grenzen gegenüber anderen zu setzen.

Nutzen Sie Konzentrationstechniken: Techniken wie die Pomodoro-Technik, bei der die Arbeit in Intervalle unterteilt wird, die durch kurze Pausen getrennt sind, können dazu beitragen, die Konzentration aufrechtzuerhalten und ein Burnout zu verhindern.

Priorisieren Sie Aufgaben: Konzentrieren Sie sich auf eine Aufgabe nach der anderen. Multitasking kann die Effizienz verringern und Fehler erhöhen. Das Priorisieren von Aufgaben basierend auf ihrer Bedeutung und ihren Fristen kann Ihnen helfen, Ihre kognitive Belastung effektiv zu managen.

Aufbau emotionaler Widerstandsfähigkeit

Emotionale Widerstandsfähigkeit ist entscheidend, um Rückschläge zu überwinden und Selbstdisziplin aufrechtzuerhalten. Um emotionale Widerstandsfähigkeit aufzubauen:

Entwickeln Sie Bewältigungsstrategien: Identifizieren Sie, welche Strategien Ihnen helfen, Stress effektiv zu bewältigen. Dies könnte das Gespräch mit einem Freund, körperliche Bewegung oder das Engagement in einem Hobby umfassen.

Lernen aus Rückschlägen: Anstatt Misserfolge als eine Reflexion Ihrer Fähigkeiten zu betrachten, sehen Sie sie als Lernmöglichkeiten. Analysieren Sie, was schief gelaufen ist und was für das nächste Mal verbessert werden könnte.

Suchen Sie Unterstützung: Ein unterstützendes Netzwerk kann externe Motivation und Perspektiven bieten, die Ihnen helfen, mit Herausforderungen umzugehen.

Aufrechterhaltung mentaler Widerstandsfähigkeit

Die Aufrechterhaltung mentaler Widerstandsfähigkeit erfordert kontinuierliche Anstrengungen. Hier
ist, wie Sie sie aufrechterhalten können:

Aktualisieren Sie regelmäßig Ihre Ziele: Mit Ihrem
Wachstum und sich ändernden Umständen sollten
sich auch Ihre Ziele ändern. Durch regelmäßiges
Überprüfen und Aktualisieren Ihrer Ziele bleiben
sie relevant und motivierend.

Bleiben Sie flexibel: Die Fähigkeit, Ihre Pläne entsprechend dem Feedback oder sich ändernden
Umständen anzupassen, ist entscheidend für langfristige Widerstandsfähigkeit.

Feiern Sie Ihre Erfolge: Die Anerkennung und Feier
Ihrer Erfolge, egal wie klein sie sind, kann Ihre Moral und Motivation steigern.

Der Aufbau und die Aufrechterhaltung mentaler
Widerstandsfähigkeit ist ein dynamischer Prozess,
der Ihre Fähigkeit zur Aufrechterhaltung von
Selbstdisziplin verbessert. Indem Sie Willenskraft
stärken, den Fokus verbessern und emotionale
Widerstandsfähigkeit kultivieren, rüsten Sie sich

aus, um die Herausforderungen bei der Verfolgung Ihrer Ziele zu bewältigen. Im nächsten Kapitel werden wir effektive Zeitmanagementstrategien vertiefen, um Ihre selbst-disziplinären Bemühungen weiter zu unterstützen.

Kapitel 6: Zeitmanagement: Maximierung der Effizienz

Effektives Zeitmanagement ist entscheidend, um Selbstdisziplin zu erhalten und langfristige Ziele zu erreichen. Dieses Kapitel befasst sich mit Strategien, die die Produktivität durch Optimierung der Zeitverwaltung steigern, sodass Sie mehr erreichen können, während Sie gleichzeitig ein Gleichgewicht in Ihrem Leben bewahren.

Verständnis von Zeitmanagement

Zeitmanagement umfasst die Organisation und Planung, wie Sie Ihre Zeit zwischen bestimmten Aktivitäten aufteilen. Gutes Zeitmanagement ermöglicht es Ihnen, intelligenter und nicht härter zu arbeiten – so erledigen Sie mehr in weniger Zeit, auch wenn der Zeitdruck groß und die Belastungen hoch sind. Ein ineffektives Zeitmanagement kann zu Stress und einem Kontrollverlust über Ihre Aufgaben und Verantwortlichkeiten führen.

Die Vorteile eines effektiven Zeitmanagements

Effektives Zeitmanagement bietet zahlreiche Vorteile:

Erhöhte Produktivität und Effizienz: Indem Sie Aufgaben priorisieren und sich jeweils auf eine Aktivität konzentrieren, können Sie die für Aufgaben aufgewendete Zeit reduzieren und die Qualität der Arbeit erhöhen.

Niedrigere Stresslevel: Gutes Zeitmanagement hilft, Stress zu reduzieren, indem es Ihnen ein klareres Bild davon gibt, was getan werden muss und wann.

Mehr Möglichkeiten für beruflichen Aufstieg: In beruflichen Umgebungen erhalten diejenigen, die ihr Zeitmanagement effektiv gestalten können, oft mehr Verantwortlichkeiten und Chancen.

Verbesserte Work-Life-Balance: Richtiges Zeitmanagement hilft Ihnen, Zeit für Aktivitäten außerhalb der Arbeit zu finden, was zu einem besseren allgemeinen Wohlbefinden beiträgt.

Kernprinzipien des Zeitmanagements

Um die Zeit effektiv zu verwalten, sollten Sie diese Kernprinzipien berücksichtigen:

Setzen Sie Ziele richtig: Verwenden Sie die SMART-Methode, um Ziele zu setzen, die spezifisch, messbar, erreichbar, relevant und zeitgebunden sind.

Priorisieren Sie klug: Priorisieren Sie Aufgaben nach Wichtigkeit und Dringlichkeit. Betrachten Sie beispielsweise Ihre täglichen Aufgaben und bestimmen Sie, welche:

Wichtig und dringend sind: Erledigen Sie diese Aufgaben sofort.

Wichtig, aber nicht dringend sind: Entscheiden Sie, wann Sie diese Aufgaben erledigen.

Dringend, aber nicht wichtig sind: Delegieren Sie diese Aufgaben, wenn möglich.

Weder dringend noch wichtig sind: Legen Sie diese für später beiseite.

Setzen Sie Zeitlimits für Aufgaben: Das Setzen von Zeitlimits für Aufgaben hilft Ihnen, fokussiert und produktiv zu bleiben und sicherzustellen, dass Sie nicht zu lange an einem Unterfangen verbringen.

Techniken zur Zeitverwaltung

Verschiedene Techniken können Ihnen helfen, Ihre Zeit besser zu managen:

ie Pomodoro-Technik: Diese Methode beinhaltet das Arbeiten in Zeitblöcken (typischerweise 25 Minuten), gefolgt von einer kurzen Pause. Nach vier "Pomodoros" nehmen Sie eine längere Pause. Diese Methode hilft, die Konzentration aufrechtzuerhalten und Ermüdung abzuwehren.

Zeitblockierung: Planen Sie Ihren Tag in Abschnitte, in denen Sie sich jeweils auf verschiedene Arten von Aufgaben konzentrieren. Dies hilft, die kognitive Belastung durch zu häufiges Aufgabenwechseln zu reduzieren.

Die Eisenhower-Box: Dieses Werkzeug hilft Ihnen, Aufgaben nach Dringlichkeit und Wichtigkeit zu entscheiden und zu priorisieren, wobei weniger dringende und wichtige Aufgaben aussortiert werden, die Sie entweder delegieren oder gar nicht erst erledigen sollten.

Werkzeuge zur Verbesserung des Zeitmanagements

Die Nutzung von Technologie kann die Art und Weise, wie Sie Ihre Zeit verwalten, erheblich verbessern. Betrachten Sie diese Tools:

Kalender-Apps: Google Kalender, Outlook oder Apple Kalender helfen Ihnen, Ihren Tag, Ihre Woche und Ihren Monat zu planen und zu visualisieren.

Aufgabenverwaltungs-Apps: Apps wie Asana, Trello und Todoist ermöglichen es Ihnen, Aufgaben zu organisieren, Fristen zu setzen und mit anderen zusammenzuarbeiten.

Fokus-Apps: Tools wie Forest ermutigen Sie, Ihr Telefon nicht zu benutzen, was Ihnen hilft, sich ohne Ablenkungen auf Aufgaben zu konzentrieren.

Herausforderungen des Zeitmanagements überwinden

Zeitmanagement mag einfach erscheinen, erfordert jedoch oft das Überwinden erheblicher Herausforderungen:

Prokrastination: Wie in früheren Kapiteln besprochen, ist Prokrastination ein großes Hindernis. Dies zu bekämpfen erfordert ein klares Verständnis Ihrer Ziele, Motivationen und der negativen Auswirkungen von Verzögerungen.

Unterbrechungen: Planen Sie Unterbrechungen ein, indem Sie Pufferzeiten zwischen Aufgaben einplanen. Dies ermöglicht es Ihnen, unerwartete Anforderungen zu bewältigen, ohne Ihren gesamten Zeitplan zu stören.

Multitasking: Vermeiden Sie Multitasking, da dies zu verminderter Produktivität und mehr Fehlern führen kann. Konzentrieren Sie sich jeweils auf eine Aufgabe.

Zeitmanagement-Fähigkeiten aufrechterhalten

Wie jede Fähigkeit muss auch das Zeitmanagement entwickelt und verfeinert werden:

Regelmäßig reflektieren: Reflektieren Sie am Ende jeder Woche, was erreicht wurde und was nicht. Dies kann Ihnen helfen, Ihre Strategien anzupassen und zu verstehen, wo Sie sich verbessern müssen.

Bleiben Sie flexibel: Passen Sie Ihre Zeitmanagementstrategien an, wenn sich Ihre Verantwortlichkeiten oder Ziele ändern. Flexibel zu bleiben stellt sicher, dass Ihre Methoden immer mit Ihren aktuellen Bedürfnissen übereinstimmen.

Kontinuierliches Lernen: Bleiben Sie offen für neue Ideen und Ansätze im Zeitmanagement. Was für andere funktioniert, könnte auch für Sie funktionieren, und sich über neue Werkzeuge und Techniken zu informieren, kann wertvolle Einblicke bieten.

Die Beherrschung des Zeitmanagements verbessert Ihre Fähigkeit, effektiv zu funktionieren und Ihre Ziele zu erreichen. Indem Sie effektive Zeitmanagementtechniken verstehen und implementieren, können Sie nicht nur Ihre Produktivität steigern, sondern auch Ihre Lebensqualität insgesamt erhöhen. Im nächsten Kapitel werden wir untersuchen, wie Motivation eine entscheidende Rolle dabei spielt, langfristig Selbstdisziplin aufrechtzuerhalten.

Kapitel 7: Die Rolle der Motivation bei der Selbstdisziplin

Motivation ist die treibende Kraft hinter allen menschlichen Handlungen und spielt eine entscheidende Rolle bei der Entwicklung und Aufrechterhaltung von Selbstdisziplin. Das Verständnis und die Nutzung von Motivation können Ihre Fähigkeit verbessern, langfristig an Ihren Zielen festzuhalten. Dieses Kapitel untersucht, wie Motivation die Selbstdisziplin beeinflusst, wie sie trotz Herausforderungen aufrechterhalten werden kann und wie sie erneuert werden kann, wenn sie nachlässt.

Verständnis der Motivation

Motivation wird oft in zwei Arten eingeteilt: intrinsische und extrinsische Motivation. Intrinsische Motivation entsteht aus dem Individuum heraus – es ist der Antrieb, eine Aktivität auszuführen, weil sie an sich interessant oder angenehm ist. Extrinsische Motivation hingegen beinhaltet das Ausführen einer Aktivität, um eine Belohnung zu verdienen oder eine Bestrafung zu vermeiden. Beide Arten sind wichtig, aber intrinsische Motivation ist nachhaltiger und effektiver für langfristige Ziele.

Die Dynamik von Motivation und Selbstdisziplin

Selbstdisziplin und Motivation sind eng miteinander verbunden. Während Selbstdisziplin die Fähigkeit umfasst, unabhängig vom emotionalen Zustand oder äußeren Umständen auf Kurs zu bleiben, liefert die Motivation das Warum – die Gründe hinter den Entscheidungen, die wir treffen, und der Ausdauer, die wir zeigen. So funktioniert die Dynamik:

Zielabstimmung: Das Ausrichten Ihrer Handlungen auf Ihre persönlichen Werte und Ziele erhöht die intrinsische Motivation und erleichtert die Aufrechterhaltung der Selbstdisziplin.

Belohnungssysteme: Zu verstehen, welche Belohnungen wirklich Ihr Verhalten antreiben, kann helfen, Ihre Umgebung und Aufgaben so zu strukturieren, dass sie Ihre Bemühungen um Selbstdisziplin besser unterstützen.

Strategien zur Steigerung der Motivation

Die Aufrechterhaltung eines hohen Motivationsniveaus kann besonders über lange Zeiträume oder bei schwierigen Aufgaben herausfordernd sein. Hier sind einige effektive Strategien zur Steigerung und Aufrechterhaltung der Motivation:

Setzen Sie klare, bedeutungsvolle Ziele: Ziele, die klar sind und persönliche Bedeutung haben, motivieren mehr. Stellen Sie sicher, dass Ihre Ziele mit Ihren Werten und größeren Lebensplänen übereinstimmen.

Schaffen Sie kleine, erreichbare Meilensteine: Das Aufteilen größerer Ziele in kleinere, handhabbare Aufgaben kann häufige Erfolgserlebnisse bieten, die die Motivation steigern.

Visualisieren Sie den Erfolg: Visualisierungstechniken, bei denen Sie sich vorstellen, Ihre Ziele zu erreichen, können einen starken Motivationsschub erzeugen, indem sie die Belohnungen greifbarer machen.

Führen Sie ein Motivationstagebuch: Dokumentieren Sie Ihren Fortschritt und reflektieren Sie über Ihren Weg. Dies kann Ihnen helfen zu sehen, wie weit Sie gekommen sind und warum Sie überhaupt angefangen haben.

Erneuerung verlorener Motivation

Auch die diszipliniertesten Personen können Motivationseinbrüche erleben. Hier ist, wie man die Motivation erneuern kann, wenn sie zu schwinden beginnt:

Ändern Sie Ihren Ansatz: Wenn Ihre aktuelle Methode nicht funktioniert, könnte es an der Zeit sein, etwas Neues auszuprobieren. Das kann bedeuten, dass Sie Ihre Ziele, den Prozess, den Sie zur Erreichung dieser Ziele verwenden, oder sogar Ihre tägliche Routine anpassen.

Überprüfen Sie Ihre Ziele: Manchmal kann ein Motivationsverlust ein Zeichen dafür sein, dass Ihre Ziele nicht mehr mit Ihren persönlichen Werten oder Ihrer aktuellen Lebenssituation übereinstimmen. Eine Neubewertung Ihrer Ziele, um sicherzustellen, dass sie noch relevant und bedeutungsvoll sind, kann die Motivation wieder entfachen.

Suchen Sie Inspiration: Das Lesen über andere, das Zuhören oder das Gespräch mit Personen, die ähnliche Ziele erreicht haben, kann Ihren Enthusiasmus erneuern und frische Ideen liefern, wie Sie Herausforderungen überwinden können.

Nutzung extrinsischer Motivatoren

Obwohl intrinsische Motivation ideal ist, spielen extrinsische Motivatoren eine entscheidende Rolle, besonders bei Aufgaben, die an sich nicht angenehm sind. So nutzen Sie extrinsische Motivatoren effektiv:

Belohnungssysteme implementieren: Richten Sie ein Belohnungssystem ein, um sich auf etwas zu freuen, nachdem Sie eine Aufgabe oder einen Meilenstein abgeschlossen haben.

Verantwortungspartner nutzen: Ihre Ziele mit einem Freund oder einer Gruppe zu teilen, kann Ihr Engagement und Ihre Motivation erheblich steigern, da der Wunsch besteht, andere nicht zu enttäuschen.

Demotivation überwinden

Zu verstehen, wie man mit Demotivation umgeht, ist genauso wichtig wie zu wissen, wie man sich selbst motiviert. Strategien beinhalten:

Ursachen identifizieren: Sind Sie müde, gestresst oder vielleicht überfordert? Das Identifizieren der Ursache der Demotivation kann helfen, spezifische Probleme anzugehen.

Ihre Umgebung anpassen: Manchmal kann eine einfache Veränderung der Umgebung die Stimmung und Motivation verbessern. Das könnte das Umstellen Ihres Arbeitsplatzes, mehr natürliches Licht oder einfach das Aufräumen von Unordnung sein.

Pausen nehmen: Burnout kann zu Demotivation führen. Regelmäßige Pausen können helfen, Ihre geistige Gesundheit und Motivationsniveaus zu erhalten.

Motivation ist ein komplexes, aber wesentliches Element der Selbstdisziplin. Durch das Verständnis und die effektive Verwaltung Ihrer Motivationsantriebe können Sie Ausdauer im Angesicht von Widrigkeiten bewahren und langfristigen Erfolg erzielen. Im nächsten Kapitel werden wir untersuchen, wie man mit Rückschlägen umgeht und aus

Fehlern lernt, um Ihre Reise zur Meisterung der Selbstdisziplin weiter zu stärken.

Kapitel 8: Umgang mit Rückschlägen: Lernen und Wachsen aus Fehlern

Rückschläge und Misserfolge sind in jedem Unterfangen unvermeidlich. Wie Sie auf diese Herausforderungen reagieren, kann Ihren Gesamterfolg und Ihre Entwicklung maßgeblich beeinflussen. Dieses Kapitel erkundet effektive Strategien für den Umgang mit Rückschlägen, das Lernen aus ihnen und die Nutzung dieser Erfahrungen zur Stärkung Ihrer Selbstdisziplin.

Die Unvermeidbarkeit von Rückschlägen

Rückschläge sind ein natürlicher Teil des Lernprozesses und der Verfolgung jedes Ziels. Sie sind keine Indikatoren für endgültiges Scheitern, sondern vielmehr Chancen für Lernen und Wachstum. Diese Perspektive zu akzeptieren, ist entscheidend, um die Motivation aufrechtzuerhalten und trotz Hindernissen weiterzumachen.

Psychologische Auswirkungen von Rückschlägen

Misserfolge können eine erhebliche emotionale Belastung darstellen und zu Gefühlen von Enttäuschung, Frustration und vermindertem Selbstwertgefühl führen. Ihre Reaktion auf diese Emotionen bestimmt jedoch Ihre Fähigkeit zur Resilienz. Eine positive Einstellung gegenüber Rückschlägen zu entwickeln, kann sie in konstruktive Erfahrungen verwandeln.

Strategien zum Umgang mit Rückschlägen

Den Umgang mit Rückschlägen effektiv zu bewältigen, erfordert mehrere Strategien, die Ihnen helfen können, auf Kurs zu bleiben und Herausforderungen in Stufen zum Erfolg zu machen:

Akzeptieren und Annehmen Ihrer Emotionen: Erkennen und akzeptieren Sie Ihre Gefühle der Enttäuschung ohne Urteil. Erlauben Sie sich, diese Emotionen zu verarbeiten, anstatt sie zu unterdrücken.

Neuinterpretation der Erfahrung: Anstatt Rückschläge als Misserfolge zu betrachten, sehen Sie sie als Gelegenheiten zum Lernen. Diese Neuinterpretation kann Ihre emotionale Reaktion verändern und Ihre Motivation zur Durchhalte fördern.

Analyse dessen, was passiert ist: Treten Sie einen Schritt zurück und analysieren Sie die Situation objektiv. Identifizieren Sie, was schief gelaufen ist und warum. Diese Analyse kann wertvolle Einblicke liefern, welche Anpassungen für zukünftigen Erfolg erforderlich sind.

Passen Sie Ihren Ansatz an: Basierend auf Ihrer Analyse treffen Sie die notwendigen Anpassungen an Ihren Strategien oder Zielen. Die Anpassung Ihres Ansatzes kann ähnliche Rückschläge in der Zukunft verhindern und Ihre Erfolgschancen verbessern.

Suchen Sie Unterstützung und Feedback: Der Austausch Ihrer Erfahrungen mit Mentoren, Kollegen oder Freunden kann neue Perspektiven und Ermutigung bieten. Feedback ist entscheidend für Lernen und Wachstum.

Setzen Sie sich kleine, unmittelbare Ziele: Um das Vertrauen zurückzugewinnen, setzen Sie kleine, erreichbare Ziele, die zu größeren Zielen führen. Das Erreichen dieser kleineren Ziele kann Ihre Moral stärken und Ihre Fähigkeit zu Erfolg bestätigen.

Aufbau von Widerstandsfähigkeit

Widerstandsfähigkeit ist die Fähigkeit, sich von Rückschlägen zu erholen und weiter voranzuschreiten. Hier sind einige Möglichkeiten, um Ihre Widerstandsfähigkeit aufzubauen und zu stärken:

Entwickeln Sie ein starkes Unterstützungsnetzwerk: Eine unterstützende Gemeinschaft kann Ermutigung und Ratschläge bieten, wenn Sie Herausforderungen gegenüberstehen.

Pflegen Sie eine positive Einstellung: Das Kultivieren einer optimistischen Einstellung kann Ihnen helfen, trotz Rückschlägen hoffnungsvoll und beharrlich zu bleiben.

Bleiben Sie Ihren Zielen treu: Das klare Visionieren Ihrer langfristigen Ziele kann Ihnen helfen, fokussiert und motiviert zu bleiben, auch wenn sofortige Ergebnisse nicht wie erwartet eintreten.

Praktizieren Sie Selbstfürsorge: Regelmäßige körperliche Aktivität, ausreichender Schlaf und gesunde Ernährung können Ihre körperliche und geistige Gesundheit verbessern und Ihre Fähigkeit zur Bewältigung von Stress stärken.

Lernen aus dem Versagen

Versagen ist ein mächtiger Lehrer, wenn er mit der richtigen Einstellung angegangen wird. So extrahieren Sie Lektionen aus dem Scheitern:

Dokumentieren Sie Ihre Erfahrungen: Das Führen eines Tagebuchs über Ihre Misserfolge und was Sie aus jedem gelernt haben, kann eine unschätzbare Ressource sein. Es hilft Ihnen, Ihr Wachstum im Laufe der Zeit zu verfolgen und wiederholte Fehler zu vermeiden.

Identifizieren Sie Muster: Überprüfen Sie Ihre Misserfolge, um eventuelle wiederkehrende Muster zu identifizieren, die zu Ihren Rückschlägen beitragen könnten. Sobald sie identifiziert sind, können Sie daran arbeiten, diese Verhaltensweisen zu ändern.

Erweitern Sie Ihr Wissen und Ihre Fähigkeiten: Manchmal zeigen Rückschläge Lücken in Ihrem Wissen oder Ihren Fähigkeiten auf. Nutzen Sie diese Erkenntnisse, um Ihre Lern- und Entwicklungsanstrengungen zu lenken.

Langfristige Perspektive aufrechterhalten

Wenn Sie mit Rückschlägen konfrontiert werden, ist es wichtig, eine langfristige Perspektive zu bewahren:

Visualisieren Sie den Erfolg: Visualisieren Sie regelmäßig Ihren Erfolg, um Ihre langfristigen Ziele im Blick zu behalten, insbesondere wenn Sie unmittelbaren Herausforderungen gegenüberstehen.

Bleiben Sie flexibel: Seien Sie bereit, Ihre Ziele und Methoden anzupassen, während Sie aus Ihren Erfahrungen lernen und sich die Umstände ändern.

Feiern Sie den Fortschritt: Erkennen und feiern Sie den Fortschritt, den Sie machen, nicht nur die endgültigen Ergebnisse. Diese Anerkennung kann Sie motiviert halten und Ihrem Weg treu bleiben.

Den Umgang mit Rückschlägen effektiv zu bewältigen, ist eine entscheidende Komponente der Selbstdisziplin. Indem Sie aus dem Scheitern lernen, Widerstandsfähigkeit aufbauen und eine positive, langfristige Perspektive aufrechterhalten, können Sie potenzielle Hindernisse in Chancen für Wachstum und Erfolg verwandeln. Im nächsten Kapitel werden wir erkunden, wie die Schaffung eines unterstützenden Umfelds Ihre Fähigkeit zur Aufrechterhaltung der Selbstdisziplin weiter verbessern kann.

John C. Maxwell: "Disziplin ist die Brücke zwischen Träumen und Wirklichkeit. Die Ausführung ist der Schlüssel."

Kapitel 9: Die Schaffung einer unterstützenden Umgebung: Externe Einflüsse auf die Selbstdisziplin

Die Umgebung, in der wir leben und arbeiten, kann unsere Fähigkeit zur Selbstdisziplin maßgeblich beeinflussen. Von dem physischen Raum um uns herum bis zu den Menschen, mit denen wir interagieren, spielen externe Faktoren eine entscheidende Rolle dabei, ob unsere Bemühungen zur Selbstdisziplin unterstützt oder behindert werden. In diesem Kapitel wird besprochen, wie man eine Umgebung schaffen kann, die Selbstdisziplin fördert, die Konzentration erhöht und die eigenen Ziele unterstützt.

Die Rolle der physischen Umgebung

Die physische Umgebung Ihres Arbeitsplatzes oder Ihres Zuhauses kann einen tiefgreifenden Einfluss auf Ihre Produktivität und Selbstdisziplin haben. Eine gut organisierte, aufgeräumte Umgebung reduziert Ablenkungen und erhöht Ihre Fähigkeit, sich zu konzentrieren. Hier erfahren Sie, wie Sie Ihre physische Umgebung optimieren können:

Minimieren Sie Unordnung: Ein aufgeräumter Raum kann dazu beitragen, geistige Unordnung zu verringern und es Ihnen erleichtern, sich auf Aufgaben zu konzentrieren. Reinigen und organisieren Sie Ihre Arbeits- und Wohnbereiche regelmäßig, um sie produktivitätsfördernd zu halten.

Bestimmen Sie spezifische Bereiche für bestimmte Aktivitäten: Haben Sie dedizierte Bereiche für Arbeit, Entspannung und Bewegung. Diese Segmentierung kann Ihrem Geist helfen, sich auf die für diesen Raum angemessene Aktivität einzustellen.

Kontrollieren Sie Ihre digitale Umgebung: Wie physische Unordnung ablenken kann, kann auch digitale Unordnung die Konzentration stören. Organisieren Sie Ihre digitalen Dateien, beschränken Sie Benachrichtigungsunterbrechungen und verwenden Sie Tools, die während der Arbeitszeiten ablenkende Websites blockieren.

Einflüsse der sozialen Umgebung

Auch die Menschen um Sie herum können Ihre Selbstdisziplin erheblich beeinflussen. Sich mit disziplinierten, motivierten Personen zu umgeben, kann Sie inspirieren und motivieren, während das Gegenteil Ihre Energie erschöpfen und Ihre Aufmerksamkeit ablenken kann.

Wählen Sie Ihre Gesellschaft mit Bedacht aus: Verbringen Sie Zeit mit Menschen, die Ihre Werte und Ziele teilen. Ihre Gewohnheiten und Einstellungen können Ihren eigenen positiv beeinflussen.

Suchen Sie Mentoren und Vorbilder: Mentoren können Ihnen Rat, Motivation und Feedback geben, die für Ihre persönliche und berufliche Entwicklung von unschätzbarem Wert sind.

Erstellen oder Treten Sie Accountability-Gruppen bei: Die Teilnahme an einer Gruppe, die regelmäßig Ihren Fortschritt überprüft, kann Ihre Verpflichtung und Disziplin erheblich stärken.

Nutzung von Gemeinschaftsressourcen

Gemeinschaften, sowohl lokal als auch online, bieten Ressourcen, die Ihre Bemühungen zur Selbstdisziplin unterstützen können:

Nehmen Sie an Workshops und Kursen teil: Viele Gemeinschaften bieten Workshops an, die Ihnen helfen können, neue Fähigkeiten zu entwickeln oder bestehende zu verbessern, was Ihre Disziplin in bestimmten Bereichen stärkt.

Nutzen Sie öffentliche Räume: Bibliotheken, Parks und Gemeindezentren können ruhige Orte zum Arbeiten oder Entspannen bieten oder Möglichkeiten für körperliche Aktivitäten, die die geistige Konzentration und Widerstandsfähigkeit verbessern können.

Engagieren Sie sich in Gemeinschaftsgruppen oder -veranstaltungen: Diese können Networking-Möglichkeiten bieten und Sie neuen Ideen und Perspektiven aussetzen, die Sie inspiriert und motiviert halten.

Etablierung von Routinen, die von Ihrer Umgebung unterstützt werden

Ihre täglichen und wöchentlichen Routinen können durch Ihre Umgebung unterstützt oder behindert werden. Die Etablierung von Routinen, die von den physischen und sozialen Umgebungen unterstützt werden, die Sie frequentieren, kann Ihre Selbstdisziplin stärken:

Routine Optimization: Analysieren Sie Ihre tägliche Routine, um sicherzustellen, dass sie mit Ihren Umweltbedingungen übereinstimmt. Wenn Sie zum Beispiel morgens produktiver sind und zu dieser Zeit ein ruhiges Haus haben, planen Sie

Ihre anspruchsvollsten Aufgaben für den Morgen ein.

Umweltreize: Verwenden Sie Umweltreize, um bestimmte Verhaltensweisen auszulösen. Zum Beispiel können Sie Ihre Laufschuhe neben Ihr Bett stellen, um es einfacher zu machen, die Gewohnheit des morgendlichen Trainings beizubehalten.

Anpassung an Veränderungen: Seien Sie flexibel und bereit, Ihre Routinen an Veränderungen in Ihrer Umgebung anzupassen. Dies könnte bedeuten, Ihre Arbeitszeiten anzupassen, wenn Sie feststellen, dass Ihr Zuhause am ruhigsten ist, oder Ihren Arbeitsplatz so zu arrangieren, dass er tagsüber mehr natürliches Licht erhält.

Förderung einer unterstützenden internen Umgebung

Während externe Umgebungen entscheidend sind, ist die Schaffung einer unterstützenden internen Umgebung ebenso wichtig:

Achtsamkeit und Selbstwahrnehmung: Praktiken wie Achtsamkeit und Meditation können Ihnen helfen, einen positiven inneren Dialog zu kultivieren, der für die Aufrechterhaltung der Selbstdisziplin unerlässlich ist.

Stressmanagement: Lernen und anwenden von Stressbewältigungstechniken, um Ihre Konzentration und Disziplin auch unter Druck aufrechtzuerhalten.

Kontinuierliche Selbstreflexion: Regelmäßiges Nachdenken über Ihren Fortschritt, Rückschläge und Ihr allgemeines Wohlbefinden kann Ihnen helfen, Ihre Ziele und Strategien besser auf Ihr persönliches und berufliches Leben abzustimmen.

Die Schaffung einer unterstützenden Umgebung ist entscheidend für die Aufrechterhaltung der Selbstdisziplin. Indem Sie sowohl Ihre physische als auch soziale Umgebung sorgfältig gestalten und eine unterstützende innere Denkweise fördern, können Sie Ihre Fähigkeit verbessern, sich zu konzentrieren, effizient zu arbeiten und Ihre Ziele zu erreichen. Im nächsten Kapitel werden wir Strategien zur Aufrechterhaltung der Disziplin im Laufe der Zeit erkunden, um langfristigen Erfolg und Erfüllung sicherzustellen.

Kapitel 10: Langfristiger Erfolg: Disziplin über die Zeit aufrechterhalten

Die Erreichung langfristigen Erfolgs erfordert mehr als nur anfängliche Begeisterung und einen Motivationsschub. Kontinuierliche Selbstdisziplin ist entscheidend, um den Fortschritt im Laufe der Zeit aufrechtzuerhalten und Ihre ultimativen Ziele zu erreichen. Dieses Kapitel konzentriert sich auf Strategien zur Aufrechterhaltung von Disziplin auf lange Sicht, um sicherzustellen, dass Sie Ihr Leben lang wachsen und erfolgreich sein können.

Die Herausforderung der Aufrechterhaltung von Disziplin

Die Aufrechterhaltung von Disziplin über einen langen Zeitraum kann aufgrund von Veränderungen der Umstände, schwankenden Motivationsniveaus und den unvermeidlichen Rückschlägen, die auftreten, herausfordernd sein. Der Schlüssel zum langfristigen Erfolg besteht darin, Ihre Strategien anzupassen, während Sie sich weiterentwickeln, um sicherzustellen, dass Ihre Selbstdisziplin mit Ihnen wächst.

Strategien für langfristige Disziplin

Regelmäßige Überprüfung und Aktualisierung von Zielen: Ihre Ziele sollten sich ändern, wenn sich Ihr Leben ändert. Durch regelmäßige Überprüfung und Anpassung Ihrer Ziele stellen Sie sicher, dass sie relevant und motivierend bleiben, was für die langfristige Disziplin entscheidend ist.

Entwicklung einer Wachstumsmentalität: Eine Wachstumsmentalität, bei der Sie glauben, dass Ihre Fähigkeiten und Intelligenz durch Engagement und harte Arbeit entwickelt werden können, ist für die langfristige Disziplin grundlegend. Sie fördert Resilienz und die Bereitschaft, aus Fehlern und Herausforderungen zu lernen.

Aufbau und Aufrechterhaltung von Routinen: Routinen können gutes Verhalten automatisieren und die Notwendigkeit täglicher Entscheidungen darüber, ob Sie sich in produktive Aktivitäten engagieren oder nicht, reduzieren. Auch wenn die Motivation nachlässt, können gut etablierte Routinen dazu beitragen, den Schwung aufrechtzuerhalten.

Kontinuierliches Lernen praktizieren: Die Suche nach Wissen hält Sie engagiert und motiviert. Sie stellt sicher, dass Sie sich ständig anpassen und verbessern, was für die Aufrechterhaltung der Disziplin und die langfristigen Erfolge entscheidend ist.

Energie managen: Die Erkenntnis, dass Energie eine begrenzte Ressource ist und das Erlernen ihrer effektiven Verwaltung kann Ihre Fähigkeit zur Aufrechterhaltung der Disziplin verbessern. Dies beinhaltet das Verständnis Ihrer biologischen Rhythmen und das Optimieren Ihres Zeitplans, um sich mit Zeiten zu synchronisieren, in denen Sie natürlicherweise energiegeladener und konzentrierter sind.

Techniken zur Verbesserung der langfristigen Motivation

Die Aufrechterhaltung der Motivation über einen längeren Zeitraum kann durch verschiedene Techniken unterstützt werden:

Langfristige Ergebnisse visualisieren: Visualisieren Sie regelmäßig das Erreichen Ihrer langfristigen Ziele. Diese Visualisierung kann eine kontinuierliche Motivationsquelle sein und dazu beitragen, warum Sie auf diese Ziele hinarbeiten.

Kleine Erfolge feiern: Die Anerkennung und Feier von Fortschritten, auch kleiner Erfolge, kann Ihre Motivation und Ihr Engagement steigern. Dies hilft, eine positive Einstellung aufrechtzuerhalten und die Anstrengungen anzuerkennen, die Sie in Ihre Ziele stecken.

Mit Ihrem Warum verbunden bleiben: Erinnern Sie sich regelmäßig daran, warum Sie Ihre Ziele überhaupt gesetzt haben. Ob es persönliche Zufriedenheit, berufliches Wachstum oder ein anderer Antrieb ist, in Verbindung mit Ihren Gründen zu bleiben, kann Ihre Disziplin aufrechterhalten.

Anpassung an Veränderungen und Rückschläge

Veränderung ist unvermeidlich, und wie Sie mit Veränderungen umgehen, kann sich erheblich auf Ihre Fähigkeit zur Aufrechterhaltung der Disziplin über die Zeit auswirken. Hier sind einige Strategien, um effektiv anzupassen:

Sei flexibel mit Methoden, nicht mit Zielen: Während deine ultimativen Ziele möglicherweise dieselben bleiben, sei flexibel in Bezug darauf, wie du sie erreichst. Die Anpassung deiner Methoden an die aktuellen Umstände kann helfen, Herausforderungen zu bewältigen, ohne deine Ziele aus den Augen zu verlieren.

Entwickle Widerstandsfähigkeit: Der Aufbau von Widerstandsfähigkeit durch Erfahrungen und gezieltes Training kann dir helfen, Stress besser zu bewältigen und Rückschläge zu überwinden. Widerstandsfähigkeit ist für langfristige Disziplin entscheidend, da sie es dir ermöglicht, auch in schwierigen Zeiten an deinen Zielen festzuhalten, ohne aufzugeben.

Suche Feedback und Unterstützung: Regelmäßiges Feedback von Mentoren, Kollegen oder Trainern kann neue Einsichten liefern und dir helfen, deine Strategien anzupassen. Die Unterstützung anderer kann auch deine Stimmung aufhellen und deinen Entschluss in schwierigen Zeiten stärken.

Integriere Selbstdisziplin in deinen Lebensstil

Letztendlich geht es darum, Selbstdisziplin in deinen Lebensstil zu integrieren, damit sie zu einem Teil von dir und deiner Lebensweise wird:

Ausrichten von Aktivitäten an persönlichen Werten: Stelle sicher, dass deine täglichen Aktivitäten und langfristigen Ziele mit deinen persönlichen Werten übereinstimmen. Diese Übereinstimmung macht das Aufrechterhalten der Disziplin zu einer erfüllenderen und weniger anstrengenden Aufgabe.

Nutze Technologie klug: Nutze Technologie, um deinen Fortschritt zu verfolgen, Aufgaben zu planen und dich an deine Ziele zu erinnern. Apps und digitale Tools können äußerst effektiv sein, um deine Disziplinarbemühungen zu unterstützen.

Pflege körperliche und mentale Gesundheit: Eine gute körperliche und mentale Gesundheit unterstützt alle Lebensbereiche, einschließlich deiner Fähigkeit, Selbstdisziplin aufrechtzuerhalten. Regelmäßige körperliche Bewegung, ausreichend Schlaf und gesunde Ernährung tragen zu einer starken Grundlage für anhaltende Anstrengung und Erfolg bei.

Die Aufrechterhaltung der Disziplin im Laufe der Zeit geht nicht nur darum, sich an strenge Zeitpläne oder starre Praktiken zu halten; es geht darum, sich an Veränderungen im Leben anzupassen, mit den Erfahrungen zu wachsen und Disziplin in den Alltag zu integrieren. Mit diesen Strategien kannst du sicherstellen, dass Selbstdisziplin eine konstante treibende Kraft bleibt, die zu langfristigem Erfolg und Erfüllung führt. Auf diese Weise erreichst du nicht nur deine Ziele, sondern führst auch ein reicheres, zweckgerichtetes Leben.

Jim Rohn: "Die stärkste Form der Disziplin ist die Selbst-Disziplin. Sie beginnt mit der Beherrschung deiner Gedanken. Wenn du denkst, dass du es nicht kannst, wirst du es auch nicht können."

Arbeitsblätter für das Selbststudium

Die Arbeitsblätte mit den darin enthaltenen Aufgaben werden ihnen dabei helfen, die Diziplin zu erreichen, welche sie sich wünschen.

Besitzer einer E-Book-Ausgabe übertragen die Arbeitsblätter in ein Übungsheft.

Die einzige Hürde kann dabei sein, die Arbeit mit den Arbeitsblättern auch auszuführen.

Hier sind einige Tipps, um die Arbeit mit den Arbeitsblättern effektiv umzusetzen:

Zeitplanung: Setzen Sie feste Zeiten für das Selbststudium fest und behandeln Sie sie wie Termine, die Sie einhalten müssen. Legen Sie beispielsweise täglich eine bestimmte Zeit oder bestimmte Tage in der Woche fest, um sich mit den Arbeitsblättern zu beschäftigen.

STOP: Bevor Sie weitermachen, legen Sie die Zeitplanung fest

Kleine Schritte: Brechen Sie die Aufgaben in kleinen, überschaubaren Schritten herunter. Beginnen Sie mit einer kurzen Zeitspanne und steigern Sie sie allmählich, wenn Sie sich wohler fühlen. Es ist besser, kontinuierlich kleine Fortschritte zu machen, als sich von großen Aufgaben überwältigt zu fühlen.

STOP: Bevor Sie weitermachen, legen Sie jetzt in ihrer Zeitplanung die Zeitspanne fest.

Belohnungen setzen: Belohnen Sie sich nach dem Abschluss jeder Aufgabe oder jedes Arbeitsblatts. Das kann eine kurze Pause, ein kleines Leckerli oder eine andere Art von Belohnung sein, die Sie motiviert, weiterzumachen.

Umgebung gestalten: Schaffen Sie eine Umgebung, die frei von Ablenkungen ist und in der Sie sich konzentrieren können. Richten Sie Ihren Arbeitsplatz so ein, dass er Sie unterstützt, und schalten Sie mögliche Störquellen wie das Handy oder soziale Medien aus.

Selbstmotivation: Erinnern Sie sich regelmäßig daran, warum Sie sich für das Selbststudium entschieden haben und welche Ziele Sie erreichen möchten. Visualisieren Sie die Vorteile, die Sie durch Ihre Bemühungen erreichen werden, und lassen Sie sich davon motivieren, weiterzumachen.

Regelmäßige Reflexion: Nehmen Sie sich regelmäßig Zeit, um zu reflektieren, was Sie bereits erreicht haben und welche Fortschritte Sie gemacht haben. Das kann Ihnen helfen, sich Ihrer Erfolge bewusst zu werden und Ihre Motivation aufrechtzuerhalten.

Indem Sie diese Tipps befolgen und eine positive Einstellung gegenüber dem Selbststudium und der Arbeit mit den Arbeitsblättern entwickeln, können Sie effektiver an Ihrer Selbstdisziplin arbeiten und Ihre Ziele erreichen.

Bruce Lee: "Disziplin ist nur eine Sache – die Wahl zwischen dem zu tun, was du willst, und dem zu tun, was du willst."

Arbeitsblatt Wochenstruktur

Woche: Selbststudium zur Steigerung der Selbstdisziplin

Tag 1:

Arbeitsblatt: Reflexion zur Zielsetzung und kontinuierlichen Arbeit

Tag 2:

Arbeitsblatt: Routinen und Gewohnheiten für langfristige Selbstbeherrschung

Tag 3:

Arbeitsblatt: Umgang mit Frustration und Langeweile zur Stärkung der Selbstbeherrschung

Tag 4:

Arbeitsblatt: Fortschritt überwachen und Strategien anpassen

Tag 5:

Arbeitsblatt: SMART-Ziele setzen

Tag 6:

Zeit für die Anwendung und Umsetzung der Strategien aus den Arbeitsblättern

Tag 7:

Reflexion über die Woche, Bewertung des Fortschritts und Planung für die kommende Woche

Diese Struktur ermöglicht es den Teilnehmern, sich jeden Tag auf ein spezifisches Thema zu konzentrieren und dann Zeit für die Anwendung und Reflexion zu haben. Am Ende der Woche können sie den Fortschritt bewerten und ihre Strategien für die kommende Woche anpassen.

Hier ist eine Struktur für ein Selbststudium zur Steigerung der Selbstdisziplin über einen Monat:

Woche 1: Selbstreflexion und Zielsetzung

Woche 1, Tag 1-5:

Arbeitsblatt: Selbststudium zur Steigerung der Selbstdisziplin (Tag 1-5)

Woche 2: Entwicklung von Routinen und Gewohnheiten

Woche 2, Tag 6:

Arbeitsblatt: Routinen und Gewohnheiten für langfristige Selbstbeherrschung

Woche 2, Tag 7-10:

Zeit für die Implementierung und Anpassung von Routinen und Gewohnheiten

Woche 3: Umgang mit Herausforderungen und Frustration

Woche 3, Tag 11:

Arbeitsblatt: Umgang mit Frustration und Langeweile zur Stärkung der Selbstbeherrschung

Woche 3, Tag 12-15:

Zeit für die Anwendung der Strategien aus dem Arbeitsblatt und Reflexion

Woche 4: Überwachung des Fortschritts und Anpassung der Strategien

Woche 4, Tag 16:

Arbeitsblatt: Fortschritt überwachen und Strategien anpassen

Woche 4, Tag 17-20:

Zeit für die Anpassung der Strategien basierend auf der Überwachung des Fortschritts

Woche 5: SMART-Ziele setzen und Abschlussreflexion

Woche 5, Tag 21:

Arbeitsblatt: SMART-Ziele setzen

Woche 5, Tag 22-25:

Zeit für die Festlegung von SMART-Zielen und deren Umsetzung

Woche 5, Tag 26-30:

Reflexion über den gesamten Monat, Bewertung des Fortschritts und Planung für die Zukunft

Diese Struktur ermöglicht es den Teilnehmern, sich jede Woche auf ein bestimmtes Thema zu konzentrieren, Strategien anzuwenden und anzupassen sowie regelmäßig zu reflektieren und ihre Ziele zu überprüfen. Am Ende des Monats haben sie nicht nur ein tieferes Verständnis für die Steigerung ihrer Selbstdisziplin entwickelt, sondern auch konkrete Schritte unternommen, um ihre Ziele zu erreichen.

Ziel: *Die Fähigkeit entwickeln, Verhaltensweisen, Handlungen und Impulse zu kontrollieren, um langfristige Ambitionen zu verfolgen und unmittelbare Freuden zugunsten mittel- und langfristiger Gewinne aufzuschieben.*

Reflexion über langfristige Ziele:

Notiere jetzt deine langfristigen Ziele, sowohl persönlich als auch beruflich.

Überlege, warum diese Ziele für dich wichtig sind und welchen Nutzen sie langfristig bringen könnten.

Identifizierung von Verhaltensweisen, Handlungen und Impulsen:

Liste Verhaltensweisen, Handlungen und Impulse auf, die dich normalerweise von der Verfolgung deiner langfristigen Ziele abhalten könnten.

Identifiziere, welche dieser Verhaltensweisen kurzfristige Befriedigung bieten, aber langfristige Ziele gefährden.

Entwicklung von Strategien zur Kontrolle:

Überlege, wie du diese Verhaltensweisen, Handlungen und Impulse kontrollieren kannst, um deine langfristigen Ziele zu erreichen.

Entwickle konkrete Schritte oder Taktiken, um kurzfristige Befriedigung zu verzögern und langfristige Belohnungen zu priorisieren.

Umsetzung und Selbstüberwachung:

Implementiere deine entwickelten Strategien im Alltag.

Halte regelmäßig fest, wie erfolgreich du dabei bist, kurzfristige Versuchungen zu überwinden und auf lange Sicht fokussiert zu bleiben.

Anpassung und Verbesserung:

Überprüfe regelmäßig deine Fortschritte und identifiziere Bereiche, die verbessert werden können.

Passe deine Strategien entsprechend an und experimentiere mit neuen Ansätzen, um deine Selbstdisziplin weiter zu stärken.

Reflexion und Belohnung:

Reflektiere am Ende einer Woche oder eines Monats über deine Erfolge und Herausforderungen.

Belohne dich selbst für deine Fortschritte, um deine Motivation aufrechtzuerhalten und weiterhin hart an der Entwicklung deiner Selbstdisziplin zu arbeiten.

Dieses Arbeitsblatt soll dir dabei helfen, deine Fähigkeiten zur Steigerung der Selbstdisziplin zu verbessern, indem du bewusst Verhaltensweisen, Handlungen und Impulse kontrollierst, um langfristige Ziele zu erreichen. Viel Erfolg beim Selbststudium und der Weiterentwicklung deiner Selbstdisziplin!

Arbeitsblatt: Reflexion zur Zielsetzung und kontinuierlichen Arbeit

Ziele setzen und kontinuierlich darauf hinarbeiten sind entscheidende Fähigkeiten für beruflichen Erfolg und persönliche Entwicklung. Selbstbeherrschung spielt dabei eine wichtige Rolle, da sie Fachleuten hilft, Fristen einzuhalten, Zeit effektiv zu managen und trotz Rückschlägen oder Misserfolgen durchzuhalten.

Aktuelle Ziele:

Notiere deine aktuellen beruflichen Ziele, sowohl kurz- als auch langfristige.

Beschreibe, warum diese Ziele wichtig für deine berufliche Entwicklung sind und welche Auswirkungen ihre Erreichung haben könnte.

Hindernisse und Probleme:

Identifiziere mögliche Hindernisse, die dich daran hindern könnten, deine Ziele zu erreichen.

Analysiere, welche Rolle Selbstbeherrschung bei der Überwindung dieser Hindernisse spielen könnte.

Selbstbeobachtung und Reflexion:

Beobachte dein eigenes Verhalten in Bezug auf die Arbeit an deinen Zielen.

Reflektiere, in welchen Situationen es dir schwerfällt, selbstbeherrscht zu handeln, und welche Auswirkungen dies auf deine Fortschritte hat.

Entwicklung von Strategien:

Entwickle konkrete Strategien, um deine Selbstbeherrschung zu stärken und effektiver an deinen Zielen zu arbeiten.

Berücksichtige Methoden wie Zeitmanagement, Priorisierung von Aufgaben und Stressbewältigungstechniken.

Umsetzung und Auswertung:

Implementiere deine entwickelten Strategien in deinen beruflichen Alltag.

Bewerte regelmäßig deine Fortschritte und identifiziere Bereiche, in denen du deine Selbstbeherrschung verbessern kannst.

Anpassung und Weiterentwicklung:

Passe deine Strategien entsprechend an und experimentiere mit neuen Ansätzen, um deine Selbstbeherrschung weiter zu stärken.

Bleibe flexibel und offen für Veränderungen, um kontinuierlich an deiner beruflichen Entwicklung zu arbeiten.

Dieses Arbeitsblatt soll dir helfen, deine Fähigkeiten zur Zielsetzung und kontinuierlichen Arbeit zu reflektieren und zu verbessern. Indem du deine Selbstbeherrschung stärkst und effektive Strategien zur Zielerreichung entwickelst, kannst du deine Produktivität und Effizienz im Berufsleben steigern. Viel Erfolg bei der Umsetzung deiner Ziele und der Weiterentwicklung deiner Selbstbeherrschung!

Das Schaffen von Routinen und Gewohnheiten kann dazu beitragen, dass du weniger auf unmittelbare Willenskraft angewiesen bist, um langfristige Ziele zu erreichen. Hier sind einige Vorschläge, wie du dies erreichen kannst:

Tägliche Routinen:

Notiere deine aktuellen täglichen Routinen und Gewohnheiten.

Analysiere, welche davon dich dabei unterstützen, produktiv zu sein, und welche dich möglicherweise von deinen Zielen ablenken.

Priorisierung von Aufgaben:

Entwickle eine tägliche oder wöchentliche Prioritätenliste für deine Aufgaben.

Berücksichtige dabei deine langfristigen Ziele und fokussiere dich auf die Aufgaben, die am meisten dazu beitragen, sie zu erreichen.

Zeitmanagement:

Erstelle einen Zeitplan für deine täglichen Aktivitäten und Aufgaben.

Setze feste Zeiten für bestimmte Aktivitäten, wie Arbeitsphasen, Pausen und persönliche Interessen, um eine Struktur zu schaffen.

Automatisierung von Entscheidungen:

Identifiziere Entscheidungen, die du regelmäßig treffen musst, und suche nach Möglichkeiten, sie zu automatisieren.

Beispiele sind das Festlegen eines festen Morgenroutinen, das Planen von Mahlzeiten im Voraus oder das Einrichten von Erinnerungen für regelmäßige Aktivitäten.

Bewegung und Ernährung:

Integriere regelmäßige Bewegung und eine gesunde Ernährung in deine tägliche Routine.

Plane feste Zeiten für körperliche Aktivität und bereite gesunde Mahlzeiten vor, um deine Energie zu erhalten und deine Produktivität zu steigern.

Reflexion und Anpassung:

Reflektiere regelmäßig über deine Routinen und Gewohnheiten und überprüfe, ob sie dich bei der Zielerreichung unterstützen.

Passe deine Routinen bei Bedarf an und experimentiere mit neuen Gewohnheiten, um effektivere Ergebnisse zu erzielen.

Belohnungssysteme:

Implementiere Belohnungssysteme, um positive Gewohnheiten zu verstärken und dich zu motivieren, sie beizubehalten.

Belohne dich für das Einhalten deiner Routinen und das Erreichen von Meilensteinen auf dem Weg zu deinen langfristigen Zielen.

Durch die Schaffung von effektiven Routinen und Gewohnheiten kannst du langfristige Selbstbeherrschung entwickeln und deine Willenskraft für wichtigere Entscheidungen aufsparen. Nutze dieses Arbeitsblatt, um deine aktuellen Gewohnheiten zu überprüfen und neue Strategien zur Förderung deiner langfristigen Ziele zu entwickeln.

Arbeitsblatt: Umgang mit Frustration und Langeweile zur Stärkung der Selbstbeherrschung

Ziel dieses Arbeitsblatts: Dieses Arbeitsblatt soll Ihnen helfen, Frustration und Langeweile zu erkennen, zu verstehen und effektiv zu managen, um Ihre Ziele konsequent zu verfolgen.

Teil 1: Erkennen von Frustration und Langeweile

Aufgabe 1: Identifizierung der Auslöser

Schritt 1: Notieren Sie Situationen der letzten Woche, in denen Sie sich frustriert oder gelangweilt fühlten.

Schritt 2: Beschreiben Sie, was diese Gefühle ausgelöst hat.

Aufgabe 2: Körperliche und emotionale Reaktionen

Schritt 1: Beschreiben Sie, wie Ihr Körper auf Frustration und Langeweile reagiert (z.B. angespannte Muskeln, Kopfschmerzen).

Schritt 2: Notieren Sie Ihre emotionalen Reaktionen auf diese Gefühle (z.B. Ärger, Hoffnungslosigkeit).

Teil 2: Verstehen der vorübergehenden Natur von Emotionen

Aufgabe 3: Reflexion über die Vergänglichkeit

Schritt 1: Denken Sie an eine frühere Situation, in der diese Gefühle von selbst nachgelassen haben, und beschreiben Sie, was geholfen hat.

Schritt 2: Notieren Sie, welche Gedanken oder Aktionen Ihnen geholfen haben, die Situation zu überwinden.

Teil 3: Entwicklung von Strategien

Aufgabe 4: Strategien zur Bewältigung von Frustration

Schritt 1: Listen Sie fünf Aktivitäten auf, die Sie ausführen können, wenn Sie sich frustriert fühlen, um die Spannung abzubauen (z.B. Spaziergang, tiefes Atmen).

Schritt 2: Entscheiden Sie, welche dieser Aktivitäten Sie als erste Maßnahme in solchen Momenten einsetzen wollen.

Aufgabe 5: Strategien zur Bewältigung von Langeweile

Schritt 1: Entwickeln Sie eine Liste von Aufgaben oder Projekten, die Sie interessieren und die Sie beginnen können, wenn Langeweile auftritt.

Schritt 2: Wählen Sie eine Aktivität aus, die schnell und einfach zu beginnen ist, um sofortiges Engagement und Interesse zu wecken.

Teil 4: Umsetzung und Reflexion

Aufgabe 6: Anwendung der Strategien

Schritt 1: Wenden Sie bei der nächsten Gelegenheit die ausgewählten Strategien an.

Schritt 2: Reflektieren Sie anschließend, wie effektiv die Strategien waren und was verbessert werden könnte.

Aufgabe 7: Langfristige Beobachtung

Schritt 1: Führen Sie ein Tagebuch über Ihre Erfahrungen und Fortschritte bei der Handhabung von Frustration und Langeweile.

Schritt 2: Überprüfen Sie monatlich Ihre Einträge, um Muster zu erkennen und Ihre Ansätze entsprechend anzupassen.

Abschluss: Durch regelmäßige Reflexion und Anpassung Ihrer Strategien können Sie lernen, effektiver mit Frustration und Langeweile umzugehen, was Ihre Selbstbeherrschung stärkt und Ihnen hilft, konsequent auf Ihre Ziele hinzuarbeiten.

Arbeitsblatt: Fortschritt überwachen und Strategien anpassen

Ziel dieses Arbeitsblatts: Dieses Arbeitsblatt soll Ihnen helfen, Ihren Fortschritt zu überwachen, Ihre Strategien anzupassen und Ihre Motivation langfristig aufrechtzuerhalten.

Teil 1: Festlegen von Überwachungsmethoden

Aufgabe 1: Definieren Ihrer Ziele

Schritt 1: Notieren Sie Ihre spezifischen, messbaren, erreichbaren, relevanten und zeitgebundenen (SMART) Ziele.

Schritt 2: Brechen Sie jedes Ziel in kleinere, überschaubare Aufgaben herunter.

Aufgabe 2: Wahl der Überwachungstools

Schritt 1: Wählen Sie die Werkzeuge oder Methoden aus, die Sie zur Überwachung Ihres Fortschritts verwenden möchten (z.B. Tagebuch, App, Kalender).

Schritt 2: Richten Sie Erinnerungen ein, um regelmäßig Ihren Fortschritt zu überprüfen.

Teil 2: Regelmäßige Fortschrittsbewertung

Aufgabe 3: Tägliche Überprüfung

Schritt 1: Notieren Sie täglich Ihre Fortschritte bei den einzelnen Aufgaben.

Schritt 2: Bewerten Sie am Ende des Tages, wie nah Sie der Erreichung Ihrer Tagesziele gekommen sind.

Aufgabe 4: Wöchentliche Reflexion

Schritt 1: Reflektieren Sie einmal pro Woche über die erreichten Fortschritte und die Herausforderungen der vergangenen Woche.

Schritt 2: Notieren Sie, was gut lief und was verbessert werden könnte.

Teil 3: Anpassung der Strategien

Aufgabe 5: Bewertung der Effektivität

Schritt 1: Überprüfen Sie monatlich, ob Ihre aktuellen Methoden und Strategien effektiv sind.

Schritt 2: Entscheiden Sie, ob Anpassungen notwendig sind, um Ihre Ziele effizienter zu erreichen.

Aufgabe 6: Strategieanpassung

Schritt 1: Entwickeln Sie neue Strategien oder passen Sie bestehende an, basierend auf Ihren bisherigen Erfahrungen.

Schritt 2: Implementieren Sie diese Änderungen und beobachten Sie, wie sie Ihren Fortschritt beeinflussen.

Teil 4: Langfristige Überwachung und Motivation

Aufgabe 7: Langzeitüberwachung

Schritt 1: Setzen Sie sich Halbjahres- und Jahresziele zur Überprüfung Ihres Gesamtfortschritts.

Schritt 2: Planen Sie eine umfassende Bewertung Ihrer Fortschritte und Strategien, um sicherzustellen, dass Sie auf dem richtigen Weg sind.

Aufgabe 8: Motivation aufrechterhalten

Schritt 1: Erstellen Sie eine Liste von Motivationsquellen, die Ihnen helfen, am Ball zu bleiben (z.B. Zitate, Erfolgsgeschichten, persönliche Belohnungen).

Schritt 2: Nutzen Sie diese Ressourcen, um sich bei Bedarf neu zu motivieren.

Abschluss: Indem Sie Ihren Fortschritt regelmäßig überwachen und Ihre Strategien entsprechend anpassen, können Sie sicherstellen, dass Sie auf dem Weg zu Ihren langfristigen Zielen bleiben. Diese kontinuierliche Überwachung und Anpassung hilft nicht nur, Ihre Effizienz zu steigern, sondern auch Ihre Motivation langfristig zu erhalten.

Arbeitsblatt: SMART-Ziele setzen

Teil 1: Konkretheit

Aufgabe 1: Zielsetzung klar und spezifisch machen

Schritt 1: Wählen Sie ein Ziel aus, das Sie erreichen möchten.

Schritt 2: Beschreiben Sie das Ziel so konkret wie möglich, um Missverständnisse zu vermeiden.

Beispiel:

Unklar: "Ich möchte fit werden."

Konkret: "Ich möchte innerhalb von drei Monaten regelmäßig dreimal pro Woche joggen gehen und meinen Körperfettanteil um 5% reduzieren."

Teil 2: Messbarkeit

Aufgabe 2: Messbare Kriterien festlegen

Schritt 1: Überlegen Sie, wie Sie den Fortschritt auf dem Weg zur Erreichung Ihres Ziels messen können.

Schritt 2: Definieren Sie klare Messkriterien, die Sie regelmäßig überprüfen können.

Beispiel:

Messkriterium: Körperfettanteil

Messmethode: Verwendung eines Körperfett-messgeräts oder Maßbandes zur regelmäßigen Messung.

Teil 3: Erreichbarkeit

Aufgabe 3: Überprüfung der Realisierbarkeit

Schritt 1: Bewerten Sie Ihr Ziel daraufhin, ob es realistisch und erreichbar ist.

Schritt 2: Stellen Sie sicher, dass Sie über die Ressourcen und Fähigkeiten verfügen, um das Ziel zu erreichen.

Beispiel:

Übermäßig ehrgeiziges Ziel: "Ich möchte in einem Monat 20 kg abnehmen."

Realistisches Ziel: "Ich möchte in einem Monat 2 kg abnehmen, indem ich meine Ernährung umstelle und regelmäßig Sport treibe."

Teil 4: Relevanz

Aufgabe 4: Überprüfung der Relevanz

Schritt 1: Stellen Sie sicher, dass Ihr Ziel mit Ihren breiteren Lebenswerten und -zielen übereinstimmt.

Schritt 2: Reflektieren Sie, ob das Ziel Ihnen genug Motivation bietet, um die erforderliche Disziplin aufrechtzuerhalten.

Beispiel:

Irrelevantes Ziel: "Ich möchte in einem Monat einen Roman schreiben, obwohl ich keine Leidenschaft für das Schreiben habe."

Relevantes Ziel: "Ich möchte in einem Monat einen Kurs in meinem Fachgebiet abschließen, um meine beruflichen Fähigkeiten zu verbessern."

Teil 5: Zeitgebundenheit

Aufgabe 5: Festlegung eines Zeitrahmens

Schritt 1: Bestimmen Sie einen klaren Zeitpunkt oder eine Frist für die Erreichung Ihres Ziels.

Schritt 2: Teilen Sie das Ziel in kleinere Meilensteine auf, um den Fortschritt im Zeitverlauf zu verfolgen.

Beispiel:

Zeitgebundenes Ziel: "Ich werde innerhalb der nächsten sechs Monate meinen Körperfettanteil um 5% reduzieren."

Abschluss: Durch die Festlegung von SMART-Zielen können Sie sicherstellen, dass Ihre Ziele klar definiert, messbar, erreichbar, relevant und zeitgebunden sind. Dies hilft Ihnen, fokussiert zu bleiben, den Fortschritt zu verfolgen und die Motivation aufrechtzuerhalten, während Sie Ihre Ziele erreichen.

Über den Autor

» „Glück ist kein Geschenk der Götter, sondern die Frucht innerer Einstellung." Erich Fromm «

Die Bücher von Holger Kiefer befassen mit populärwissenschaftlich aufgearbeiteten Themen der Gesundheit Spiritualität, aber auch mit Psychologie, Philosophie und Religion, kurzum mit dem, was uns Menschen in bestimmten Lebensphasen interessiert und uns wichtig ist.

Besonders für Kinder zu empfehlen sind seine Werke zu den Themen Konzentration und Durchhaltevermögen:

Mein Ausmalbuch zum Buchstabenlernen
Intuitives Buchstaben schreiben lernen von klein auf
https://kiefer-coaching.de/02

Konzentrationstraining für Kinder von Klein bis Groß Arbeitsbuch und Anleitung
Zur Erziehung gehört auch die Kinder für das Lernen vorzubereiten. Je eher Kinder damit anfangen, desto besser
https://kiefer-coaching.de/10

und der richtigen Ernährung für Kinder und Jugentliche:

Powerfood für Kinder und Jugendliche Gesunde Ernährung für Kinder Ratgeber für Eltern
https://heil-weg.de/22

und für die ganz Kleinen:

Horace das einzigartige Nilpferd

Das Kinderbuch - Eine Geschichte über Selbstakzeptanz
Für Kinder über 0 Jahre zum lesen und malen
https://kiefer-coaching.de/14

DER DISZIPLIN CODE
ERWEITERN SIE IHR POTENZIAL DIE KUNST DER
SELBSTDISZIPLIN
https://kiefer-coaching.de/18

Durch die Kunst des Loslassens zum inneren Frieden
https://kiefer-coaching.de/19

Weitere Titel von Holger Kiefer finden Sie auf den nächsten Seiten

Hier zunächst Bücher zum Thema Psycho und mehr, weiter unten zu Gesundheitsthemen und ganz am Schluss die geitlichen und spirituellen Themen.

Psycho und mehr:

Dark Triad – Dunkle Triade
Narzissten – Psychopathen – Machiavellisten
https://kiefer-coaching.de/06

Manifestieren Sie Ihre Träume
Wie sie alle guten Dinge anziehen
https://kiefer-coaching.de/09

Gut zu wissen – so funktioniert das Gehirn
Die Geheimnisse des Gehirns: Von der Hardware zur Software des erfolgreichen Denkens
https.//kiefer-coaching.de/08

Glücklich als Single 49 Tipps für Singles
Stars über Glück statt Einsamkeit – so gelingt es

https://kiefer-coaching.de/07

Selbstwert von innen heraus
Eine Reise zu mehr Selbstbewusstsein und Selbstachtung
Selbstwertgefühl steigern und negative Selbstkritik zu überwinden

Befreie dein Leben: Die Macht des Loslassens verstehen und nutzen

Ein spannendes Interview:

Lernen von einem CIA-Agenten – die psychologische Kriegsführung
USA, China, Russland, Europa – jeder ist in Gefahr – Ein CIA-Insider packt aus

Bei allem Ernst darf es auch etwas lustiges sein. Haben Sie schon von den Schildbürgern gehört?

Das Schildbürger Buch anno dazumal
Eine moderne Neuerzählung für alles Altersgruppen
Geschenkausgabe, sehr edel

Weihnachtbaumverbot Kita: Die verrückten Entscheidungen der Schildbürger
Schildbürgerstreich Kindergarten: Wie der Weihnachts-

baum verbannt wurde
https://kiefer-coaching.de/04

Die Schildbürger im Wokeness-Wahn
Absurde Geschichten und satirische Einblicke
https://kiefer-coaching.de/01

Die Happy Ramadan Beleuchtung der Schildbürger-Partei
Schildbürgerstreich zum Fastenmonat
https://kiefer-coaching.de/03

Gesundheit und mehr

Alles über Sonnenbrand
Bewährte Hausmittel bei Sonnenbrand und mehr
Es bietet wissenschaftliche Detail-Informationen
https://heil-weg.de/02

Marc Segar ich habe Asperger-Syndrom
Mein Leben, meine Erfahrung, wie man als Autist besser
überlebt
https://heil-weg.de/03

Depressionen besser verstehen und überwinden für Kinder Jugendliche Erwachsene

Ratgeber Neurologie Depression
https://heil-weg.de/04

CBD-Öl zur Behandlung von Autismus Studie bei Autis-
mus-Spektrum-Störung
Wenn Neuleptil, Abilify, Tavor bei Autismus-Spektrum-
Störungen nicht helfen
https://heil-weg.de/05

Autismus und Schlaf bei Autismus-Spektrum-Störungen
Studien zur Behandlung und Bewältigung von Schlafpro-
blemen mit Autismus-Spektrum-Störungen
https://heil-weg.de/06

Stammzelltherapie bei Autismus
Pro und Kontra: Aktuelle Studien – S3-Leitlinie
https://heil-weg.de/07

Diagnose Insomnie – Schlafstörung
Neurodegenerative Erkrankung Schlafstörungen
https://heil-weg.de/08

So entsteht ein Mensch – von der Befruchtung bis zur Ge-
burt
Ratgeber Schwangerschaft – Alle Phasen der Entwicklung

von Mutter und Kind
https://heil-weg.de/09

Alkohol Krankheiten und ihre Folgen Krebs durch Alkohol
das KrebsrisAlkoholiker welche Krebsarten löst Alkohol
aus – Erfahrungen - Informationen zu Alkoholsuchtiko Alkoholismus
Alkoholiker welche Krebsarten löst Alkohol aus- Erfahrungen - Informationen zur Alkoholsucht

https://heil-weg.de/10

Krebs durch Alkohol das Krebsrisiko
Fachbuch Welche Krebsarten löst Alkohol aus – Erfahrungen – Informationen
https://heil-weg.de/11

Alkoholentzug und Entzugserscheinungen
Alkoholentzugssyndrom – Alkoholismus Alkoholentzug
Therapie bei Alkoholabhängigkeit
https://heil-weg.de/12

Lehrbuch Alkohol für Ärzte, Mediziner, Therapeuten zum
Thema Alkoholismus
Fachbuch Alkoholismus Leitfaden für Fachkräfte
https://heil-weg.de/13

Ernährung für einen gesunden Darm
Empfohlene Ernährungstipps für eine gesunde Verdau-
ung nicht nur bei Magen-Darmproblem
https://heil-weg.de/14

Basiswissen Alzheimer: Verständliche Erklärungen der
wichtigsten Fachbegriffe
Alzheimer Demenz, Symptome und Hilfe für Angehörige
https://heil-weg.de/15

Schlafstörungen bei Alzheimer
Anzeichen für Alzheimer Schlafprobleme bewältigen –
Prävention, neue Medikamente und Studien
https://heil-weg.de/16

Erworbene Hirnverletzung Schädel-Hirn-Trauma SHT –
Schädel-Hirn-Verletzung
Gehirnverletzung Anzeichen Symptome Behandlung Ver-
lauf Folgen und Spätfolgen von Schädel Hirn Trauma
https://heil-weg.de/17

Abulie und Akinetischer Mutismus Symptome Mangel an
Willenskraft, Initiative, Antriebslosigkeit, Langsamkeit
des Denkens Bradyphrenie
Abulie: Das stille Ringen um Willenskraft - Verlorene
Emotionen, erstarrte Handlungen, Denkstörungen. Der

Begriff ist auch unter der Bezeichnung Abulia bekannt.
https://heil-weg.de/18

Die Darmkur zur Darmsanierung durch Darmflora Aufbau
Anleitung zur Darmkur: Wie die Darmreinigungskur die
Darmsanierung und Darmflora Aufbau unterstützt
https://heil-weg.de/19

Das Schlaf Buch – Schlaf gut ohne Schlafprobleme
Schlaflosigkeit? – Endlich den Schlaf verbessern – nie
mehr Schlaflos bei Agrypnie, Insomnie und Hyposomnie
https://heil-weg.de/20

Das Rückenprobleme Buch – Rückenschmerzen was hilft
schnell
Heilverfahren TCM, Ayurveda, Übungen zusätzlich Ursachen Ödeme und Psychosomatische Beschwerden
https://heil-weg.de/21

Geistliche Themen

Friedensnobelpreis 2023 für die iranische Aktivistin Narges Mohammadi
Narges Mohammadi Verfechterin von Gleichberechtigung
und Frauenrechten im Iran
https://kiefer-coaching.de/15

Philosophen über Zufriedenheit
Zufriedenheit lernen für Zufriedenheit Glück
https://heil-weg.de/01

Der berühmteste Vortrag von Hermes Trismegistus dem
Dreimaligen Großen mit Asklepios Die vollkommene
Rede
Hermes Trismegistos im Dialog mit Asklepius Gott der
Heilkunst
https://priester-schamane.de/01

Sprich diese 3 magischen Worte, um deine Wünsche zu
manifestieren - Neville Goddard
Wunscherfüllung mit Neville Goddard: Brückenschlag
zwischen persönlichem Verlangen und göttlichem Plan?
https://priester-schamane.de/02

Impressum:

Holger Kiefer
Kopernikusstr. 14
D-90766 Fürth
beratungholgerkiefer@gmx.de
0162-9291723